# Consenso e conflito na democracia contemporânea

FUNDAÇÃO EDITORA DA UNESP

*Presidente do Conselho Curador*
Mário Sérgio Vasconcelos

*Diretor-Presidente*
Jézio Hernani Bomfim Gutierre

*Superintendente Administrativo e Financeiro*
William de Souza Agostinho

*Conselho Editorial Acadêmico*
Carlos Magno Castelo Branco Fortaleza
Henrique Nunes de Oliveira
João Francisco Galera Monico
João Luís Cardoso Tápias Ceccantini
José Leonardo do Nascimento
Lourenço Chacon Jurado Filho
Paula da Cruz Landim
Rogério Rosenfeld
Rosa Maria Feiteiro Cavalari

*Editores-Adjuntos*
Anderson Nobara
Leandro Rodrigues

LUIS FELIPE MIGUEL

# Consenso e conflito na democracia contemporânea

editora
unesp

© 2016 Editora Unesp

Direitos de publicação reservados à:
Fundação Editora da Unesp (FEU)

Praça da Sé, 108
01001-900 – São Paulo – SP
Tel.: (0xx11) 3242-7171
Fax: (0xx11) 3242-7172
www.editoraunesp.com.br
www.livrariaunesp.com.br
feu@editora.unesp.br

Dados Internacionais de Catalogação na Publicação (CIP)
Odilio Hilario Moreira Junior CRB-8/9949

M636c
Miguel, Luis Felipe
　Consenso e conflito na democracia contemporânea / Luis Felipe Miguel. – São Paulo: Editora Unesp, 2017.

　ISBN: 978-85-393-0679-4

　1. Ciências políticas.　2. Política.　3. Sistemas de representação. 4. Democracia.　I. Título.

2017-230　　　　　　　　　　　　　　　　　　　　　　CDD 321.8
　　　　　　　　　　　　　　　　　　　　　　　　　　CDU 321.7

Este livro foi apoiado com recursos da chamada
MTCTI/CNPq n.14/2012.

Editora afiliada:

# SUMÁRIO

Introdução   7

1 Consenso e conflito na teoria democrática   15
2 Desigualdade e representação   41
3 O representante como protetor   63
4 Oligarquia e representação no pensamento de Michels   95
5 Bourdieu e o "pessimismo da razão"   113
6 Democracia e sociedade de classes   135
7 Utopias do pós-socialismo   157

Referências bibliográficas   199

# INTRODUÇÃO

Um ponto de partida convencional para a reflexão moderna sobre a política é a redação de *O príncipe*, por Maquiavel, em 1513. Meio milênio é muito tempo, sobretudo para um autor cuja "atualidade" é sempre reverenciada. Mas a leitura do escritor florentino continua necessária, mesmo que se considere que o mundo em que vivemos e a política que praticamos diferem enormemente daquilo que ele conheceu e sobre o qual refletiu. Maquiavel exemplifica uma abordagem da política que quer, ao mesmo tempo, ser *realista* e *crítica*. O entendimento do funcionamento do mundo tal como é aparece, para ele, como a base para imaginar a ação que pode mudar esse mundo.

Infelizmente, a união entre crítica e realismo não caracteriza a maior parcela da teoria política mais recente. Boa parte dela é marcada por um idealismo sem peias – é a "linha espiritualista da filosofia política", para usar as palavras de Loïc Wacquant (2005, p.11). Nesse entendimento do processo político, no lugar da disputa pelo poder, aparece a produção do consenso; em vez da guerra dos deuses, o estabelecimento de fundamentos últimos universais; em substituição aos conflitos de interesse, a busca do reconhecimento intersubjetivo recíproco. É uma visão da política edulcorada, ingênua e, no limite, incompetente para a compreensão *do* e a intervenção *no* mundo.

Por outro lado, a posição realista sobre a política, nos debates contemporâneos, acaba muitas vezes sendo ocupada pelas teorias mais conservadoras. O entendimento do caráter conflitivo da política e da centralidade da disputa de interesses funciona como porta de entrada para uma abordagem desencantada ou mesmo cínica, em que a política é resumida a relações de força aceitas como se fossem estáticas e a possibilidade de transformação do mundo é descartada como irrelevante. Não era esta a abordagem maquiaveliana. Tanto quanto pelo realismo, sua obra é marcada pela atenção à mudança, pelo reconhecimento do caráter indeterminado da luta política e pela preocupação com arranjos que reduzissem a dominação. Ao contrário do que reza o clichê, sua percepção da política não era normativamente oca, muito pelo contrário. Assim, uma leitura possível – e particularmente aliciante – da obra de Maquiavel é aquela que vê, nela, um esforço deliberado de combinação entre realismo e impulso transformador. Que é, afinal, o esforço que produz a melhor política e a melhor teoria política.

Este livro nasce da inconformidade com a cisão entre realismo e crítica na teoria política contemporânea. Em particular, com dois movimentos complementares. O primeiro deles é o exílio das noções de conflito e de interesse de nosso entendimento da política, que passa a ser lida apenas como espaço de cooperação e de solidariedade. Contribuem para isso tanto o renovado apego ao valor ético do consenso, impulsionado, entre outros, pela filosofia de Habermas, quanto o deslocamento da preocupação com as desigualdades (indicadoras de assimetrias, de exploração e de dominação) para as diferenças (reveladoras de uma diversidade enriquecedora, que deve ser acomodada). No entanto, o reconhecimento das diferenças, por mais importante que seja, não apaga a vigência das desigualdades. E o ideal do consenso é inócuo para um mundo social marcado por interesses antagônicos e que não pode realizá-lo, exceto por meio do silenciamento das divergências.

O segundo movimento – que depende do anterior para poder se estabelecer – é uma crescente despreocupação com a qualidade democrática das instituições políticas, em particular da representa-

CONSENSO E CONFLITO NA DEMOCRACIA CONTEMPORÂNEA 9

ção, mesmo nas franjas que se querem mais progressistas do pensamento teórico. A igualdade política é deixada de lado, em favor de mecanismos "deliberativos" que realizariam o bem comum por meio da ação de elites que assumem o papel de representantes sem constituir qualquer tipo de interlocução com suas pretensas bases. Só num mundo mental em que o conflito de interesses foi ultrapassado é que tal modelo pode se afirmar sem que suas implicações antidemocráticas fiquem patentes.

Ainda que forme um volume independente, este livro corresponde a um complemento de *Democracia e representação: territórios em disputa*, que publiquei em 2014. Ele desenvolve e aprofunda questões que lá, por motivos de economia de exposição, foram apenas indicados. Seus capítulos reúnem diferentes facetas da abordagem que proponho aqui, em especial pelo diálogo com autores e tradições teóricas que acabaram à margem do cânone atual, idealista, da teoria da democracia.

O primeiro capítulo trata do eclipse do conflito na teoria democrática, tendo como foco a obra da pensadora belga Chantal Mouffe, que denuncia a ilusão do consenso e assume, no debate contemporâneo, a posição de porta-voz de uma compreensão mais radical da política. Ela defende a ideia de uma "democracia agonística", em que se enfrentam adversários, mas não inimigos. No entanto, Mouffe acaba por reproduzir em outro nível o dilema que propunha superar. Ou se postula a existência de mecanismos de produção de consenso sobre os limites legítimos da disputa agonística, solução que ela recusa, ou a disputa sobre tais limites toma a forma de um conflito "antagonístico", entre inimigos, do qual ela também deseja escapar. Esse dilema é inerente a qualquer tentativa de domesticação do conflito político.

Já o segundo capítulo discute os dilemas relacionados à representação política e procura promover "exercícios de dissociação", desvinculando conceitos que muitas vezes são sobrepostos sem maior reflexão e que, assim, obscurecem o entendimento sobre os problemas da representação democrática. Em primeiro lugar, demonstra-se que autorização e *accountability* eleitorais não estabelecem, por si sós, uma relação de representação. Depois, explica-se que autorização e *accountability* não se resumem às eleições para os cargos do Estado. Elas estão presentes, de diferentes maneiras e com diferentes graus de formalização, em diferentes esferas. Entendidas desse modo, autorização e *accountability* não podem ser reduzidas à manifestação de preferências prévias a serem agregadas. São mecanismos que postulam exatamente um processo em potencial e sempre em aberto de troca de razões entre representantes e representados. Essa formulação permite fazer a crítica às *démarches* teóricas recentes, que buscam identificar padrões de representação política democrática legítima à margem da interlocução entre representantes e representados. Por fim, é discutida a relação entre representação, democracia e legitimidade, como três conceitos diferentes. Como procuro demonstrar, muitas das dificuldades das teorias recentes da representação nascem da sobreposição apressada feita entre esses três conceitos.

O terceiro capítulo apresenta uma perspectiva diferente sobre a representação política, visando entender como um sistema político excludente é vivenciado por aqueles que estão no polo inferior da hierarquia social. Para parte dos eleitores comuns, o representante é visto como um "protetor" que, controlando uma parcela do aparelho de Estado, é capaz de obter e distribuir benefícios (empregos, insumos, perdões). Trata-se de uma relação diferente daquelas em geral discutidas pela literatura, uma vez que não se estabelece a partir de identificação com o representante, responsabilização por seus atos ou *advocacy*. O capítulo explora essa "visão popular implícita" da representação a partir de cartas escritas a dois importante líderes políticos brasileiros (Getúlio Vargas e Jânio Quadros) e discute como, apesar de estigmatizada pelas visões normativas correntes, ela pode ser entendida como uma forma racional de ação num ambiente político pouco permeável às demandas da população mais pobre e desorganizada.

A representação política é ainda o foco do quarto capítulo. Uma visão mais realista dos mecanismos representativos, como a empreendida por um pensador politicamente conservador como

Robert Michels, permite fugir a muito dos problemas das leituras mais idealistas hoje em voga. A despeito das intenções do autor, a "lei de ferro das oligarquias", apresentada por Michels em 1911, pode ser apropriada por uma reflexão comprometida com o avanço da democracia. Em vez de levar ao abandono do ideal democrático, serve de alerta contra o abastardamento desse ideal pelas próprias instituições que dizem implementá-lo, proporcionando instrumentos para uma análise crítica da representação política.

Michels aparece, assim, como um dos autores que nos alertam contra as soluções fáceis na busca da transformação política. O quinto capítulo analisa, sob a mesma chave, a obra de Pierre Bourdieu. Uma das críticas recorrentes à sociologia do pensador francês é dirigida a sua ênfase nos mecanismos de reprodução das estruturas sociais, em vez da transformação. É uma crítica que está presente, em primeiro lugar, na sociologia da educação, mas que ecoa em outras áreas a que se aplica a teoria dos campos de Bourdieu, como a política. É a partir da política que procuro demonstrar que, nas suas principais obras, Bourdieu nos fornece uma visão de mundo que é muito realista em relação à força dos mecanismos de reprodução e que, sem ser desencantada quanto aos processos de mudança, revela que eles são mais complexos e mais tingidos de elementos de manutenção do que as utopias transformadoras gostam de crer.

No sexto capítulo, desloco o foco para um aspecto específico da *démarche* idealista da teoria política: o desvanecimento das questões materiais, da organização da economia e da desigualdade de classes. A desigualdade de classes e os conflitos decorrentes dela, no entanto, permanecem como elementos centrais para a compreensão da dinâmica política das sociedades capitalistas. Colocam obstáculos ao aprofundamento da democracia, vinculados à desigualdade material, ao controle da propriedade, à influência sobre o Estado e à socialização diferenciada de trabalhadores e patrões.

A visão de uma sociedade sem classes perdeu força com o fracasso do chamado "socialismo real", destruindo a principal utopia – no sentido de visão de uma sociedade alternativa – que alimentava as lutas pela transformação social. O sétimo e último capítulo anali-

## 12 LUIS FELIPE MIGUEL

sa propostas utópicas apresentadas nas últimas décadas, que projetam alternativas ao capitalismo diante do colapso da experiência socialista. Nenhuma alcança a centralidade que o socialismo teve, o que se deve talvez menos à incipiência das formulações do que à ausência de conexões com um movimento social. São discutidas quatro propostas: o socialismo de mercado, que anseia combinar a "eficiência" do mercado com a garantia de igualdade real; a sociedade de tempo liberado, que realizaria os objetivos do comunismo desenvolvido de Marx; a renda cidadã, que também universalizaria a possibilidade de dispor de tempo livre; e a sociedade lotérica, em que os bens sociais seriam distribuídos pelo acaso. Como contraponto, é discutida também a utopia anarcocapitalista, que prevê a absorção de todas as funções estatais pelo mercado.

...

Este livro é resultado de pesquisas que contaram com o apoio do Conselho Nacional de Desenvolvimento Científico e Tecnológico (CNPq), notadamente uma bolsa de Produtividade em Pesquisa e o financiamento do projeto "Desigualdades e democracia: as perspectivas da teoria política", apoiado por recursos da chamada MCTI/CNPq nº 14/2012 (Edital Universal).

Os capítulos aqui reunidos retrabalham textos antes publicados. "Consenso e conflito na teoria democrática" foi apresentado no 8º Encontro da Associação Brasileira de Ciência Política (ABCP), realizado em Gramado, em 2012, e publicado na revista *Lua Nova* (n.93), em 2014. "Desigualdade e representação" foi inicialmente uma intervenção no 2º Colóquio Internacional de Teoria Política, em São Paulo, em 2012, integrando depois a coletânea *O papel da teoria política contemporânea*, organizada por Adrian Gurza Lavalle, Álvaro de Vita e Cicero Araújo (Alameda Editorial, 2015). "O representante como protetor" foi apresentado no 34º Encontro Anual da Associação Nacional de Pesquisa e Pós-Graduação em Ciências Sociais (Anpocs), em Caxambu, em 2010, e publicado na *Revista Brasileira de Ciências Sociais* (n.79), em 2012. "Oligarquia e repre-

CONSENSO E CONFLITO NA DEMOCRACIA CONTEMPORÂNEA    13

sentação no pensamento de Michels" é fruto de minha apresentação na mesa-redonda "Robert Michels: 100 anos da lei de ferro da oligarquia", realizada também no 8º Encontro da ABCP, e foi publicado na *Revista Brasileira de Ciência Política* (n.13), em 2014. "Bourdieu e o 'pessimismo da razão'" foi apresentado no 15º Congresso Brasileiro de Sociologia, em Curitiba, em 2011, e publicado na revista *Tempo Social* (v.27, n.1), em 2015. "Democracia e sociedade de classes" teve versões iniciais apresentadas no 2º Simpósio de Ciências Sociais da Universidade Federal de Goiás, em Goiânia (2011), e no 1º Simpósio Nacional sobre Democracia e Desigualdades, em Brasília (2012), sendo publicado na *Revista Brasileira de Ciência Política* (n.9), em 2012, e na coletânea *Subalternidades, trânsitos e cenários*, organizada por Dilamar Cândida Martins, Jordão Horta Nunes e Manuel Ferreira Lima Filho (Editora da PUC-GO, 2012). "Utopias do pós-socialismo" foi apresentado no 28º Encontro Anual da Anpocs, em Caxambu, em 2004, e publicado na *Revista Brasileira de Ciências Sociais* (n.61), em 2006. Agradeço aos participantes dos eventos, pelas discussões neles travadas, bem como aos pareceristas anônimos das revistas, pela críticas, comentários e sugestões.

Agradeço também aos demais pesquisadores do projeto "Desigualdades e democracia", pela interlocução ao longo destes anos – Adrian Gurza Lavalle, Claudia Feres Faria, Daniel de Mendonça, Luciana Ballestrin, Ricardo Fabrino Mendonça e Ricardo Silva, bem como meus colegas do Grupo de Pesquisa sobre Democracia e Desigualdades (Demodê), da Universidade de Brasília, Carlos Machado, Danusa Marques e Flávia Biroli. E estendo o agradecimento aos estudantes que integram o Demodê, pela contribuição cotidiana a nossos esforços de reflexão e pesquisa.

Faço um agradecimento especial a Flávia Biroli, que leu e discutiu boa parte dos textos que deram origem ao livro, pela generosidade de seus comentários, pelo olhar crítico que me obrigou a refinar meus argumentos, pelo estímulo a meu trabalho e pela parceria que permitiu que este e tantos outros projetos fossem levados a cabo.

O livro também não seria o mesmo sem a contribuição de Regina Dalcastagnè, que me ajudou a elaborar cada ideia nele contida, ao longo de tantos anos de conversas e leituras. Como já disse uma vez, meu trabalho deve a esse diálogo mais do que sou capaz de expressar. Mas nem é por isso que dedico este livro a ela e a nosso filho, Francisco.

# 1
## CONSENSO E CONFLITO NA TEORIA DEMOCRÁTICA

Um dos aspectos mais marcantes – e mais surpreendentes – da teoria política das últimas décadas foi a decadência do conflito. Percepções da política e da democracia que enfatizam o valor, a necessidade e a possibilidade do consenso ganharam preeminência a partir dos anos 1980, deslocando em primeiro lugar as narrativas centradas na ideia de dominação, mas também acabando por atingir o pluralismo liberal que até então ocupava uma posição hegemônica. E o fenômeno não se verifica, como se poderia esperar, em teorias de integração social, na esteira, por exemplo, do funcionalismo sistêmico ou do behaviorismo. Está presente nas visões que se apresentam como emancipatórias e como herdeiras do pensamento crítico.

Sem querer malbaratar uma discussão complexa, mas apenas com o objetivo de avançar naquilo que me interessa aqui, é possível dizer que, enquanto teorias como as de Parsons ou de Skinner viam o consenso social como o resultado de mecanismos de adaptação e acomodação dos indivíduos a uma determinada ordem, as novas leituras julgam que o consenso é atingido exatamente quando os constrangimentos sociais são suspensos. O consenso seria uma possibilidade sempre em aberto (dada a faculdade da razão, que nós compartilhamos), quando não o *télos* de toda interação hu-

16 LUIS FELIPE MIGUEL

mana. Estou me referindo em primeiro lugar, é claro, às concepções influenciadas pelo pensamento de Jürgen Habermas e de John Rawls – mas não só a elas.[1]

Na teoria política contemporânea, a principal voz a se levantar contra essa visão consensualista é a de Chantal Mouffe. Nas obras que tem publicado desde os anos 1990, a teórica belga (radicada no Reino Unido) apresenta uma leitura de Rawls e Habermas, bem como das correntes da democracia deliberativa associada a eles, que enfatiza seu caráter despolitizante. Contra percepções que reduzem a política à moral, Mouffe aponta a especificidade do "político", termo que aparece no título de duas de suas obras, *The Return of the Political* (2005a [1993]) e *Sobre o político* (2005b). Apoiando-se numa leitura de Carl Schmitt, ela enfatiza o caráter "agonístico" da disputa política e enuncia as razões pelas quais o consenso é sempre uma quimera.

No entanto, em que pese sua aparente radicalidade, a obra de Mouffe não ultrapassa uma acomodação com a virada consensualista da teoria política. Sua distinção entre o "antagonismo" disruptivo, que precisa ser evitado, e o "agonismo" que deve ser aceito, reintroduz a exigência de um consenso de base – não muito distante da leitura liberal convencional, de defesa das regras do jogo (Bobbio, 1986 [1984]) ou da aceitação por todos de que a concorrência democrática é *"the only game in town"*, para usar a expressão célebre de Adam Przeworski (1991, p.26).

Não se trata de descartar ou menosprezar a questão das formas de canalização/institucionalização do conflito político. É uma preocupação central já para Maquiavel, que a formula com precisão nos *Discorsi*, a obra que é referência inicial para qualquer reflexão que leve em conta a positividade do conflito. A exacerbação do conflito inviabiliza a vida em comum – e, se ele é próprio da política, também é próprio dela ter como objetivo a construção de

---

1 Para uma discussão sobre como valor do consenso se estabelece nas vertentes mais "operacionais" da teoria política (em autores como Almond, Huntington, Lipset ou Sartori), cf. Vitullo (2007).

CONSENSO E CONFLITO NA DEMOCRACIA CONTEMPORÂNEA **17**

uma unidade, por mínima que seja, que permita essa vida. Mas o reconhecimento da importância dessa preocupação não elimina o antagonismo das disputas políticas, nem o fato de que as regras e procedimentos não são neutros em relação aos grupos e interesses em choque.

## A tentação do consenso

As duas personagens principais de qualquer relato sobre o renovado prestígio do consenso na teoria política contemporânea são John Rawls e Jürgen Habermas. O filósofo liberal estadunidense e o filósofo pós-frankfurtiano alemão divergem em origem, trajetória, preocupações e estilo. Mas têm em comum o apreço pela razão humana e a crença de que, dadas as circunstâncias adequadas, ela pode nos orientar na direção da superação dos nossos dilemas morais e da correta fundamentação das normas que regem nossa vida em comum. E também dividem, cada um a seu modo, a paternidade da corrente mais importante da teoria democrática das últimas décadas, a chamada "democracia deliberativa".

A versão liberal-pluralista da democracia, que constituiu o credo dos regimes de tipo ocidental a partir dos anos 1950, enfatiza a competição entre grupos de interesse. É uma leitura, portanto, que concede centralidade à categoria "interesse" e um espaço seguro para a incorporação do conflito, embora privilegie uma versão desidratada dele, que é a competição. Contra o entendimento pluralista liberal, apresentaram-se, sucessivamente, duas outras visões que seriam representantes de uma teoria democrática radical – isto é, que recusasse a redução da democracia às instituições eleitorais vigentes no Ocidente e buscasse caminhos para realizar, de forma mais efetiva, as promessas de soberania popular e igualdade política.

A primeira dessas visões corresponde à corrente participacionista, que floresceu sobretudo nas décadas de 1960 e 1970 e esteve associada à defesa da autogestão, da descentralização decisória, da participação direta e, em especial, da disseminação de procedimentos democráticos para as esferas da vivência cotidiana, como escolas, vizinhanças e locais de trabalho. Embora uma leitura tardia do participacionismo trabalhe a dualidade entre a "democracia unitária" almejada e a "democracia antagonista (*adversary democracy*)" liberal (Mansbridge, 1983),[2] o foco das suas versões mais importantes não é a superação do conflito. Ao contrário, a generalização das práticas democráticas propiciaria um amplo treinamento social para lidar com o dissenso e para expressar divergências; e contribuiria para a equalização dos recursos com que cada um contaria para a ação política.

A perda de importância das visões participacionistas no debate sobre a democracia é acompanhada pela emergência da segunda corrente a que me referi, exatamente o "deliberacionismo". Trata-se de um rótulo de amplo espectro, que abriga compreensões diversas da democracia e unifica matrizes derivadas da obra de Habermas e de Rawls. As vertentes inspiradas em um ou em outro dão ênfase similar ao consenso, como valor a ser perseguido nas interações humanas – de forma mais aberta nas versões iniciais, mais complexa posteriormente. Mas essa ênfase similar possui raízes diversas.

No caso de Rawls, o foco está no valor da imparcialidade, que ele apresenta graficamente por meio do "véu da ignorância", que impede que cada pessoa conheça sua posição na sociedade – incluindo também seus talentos, características pessoais e preferências (Rawls, 1971).[3] Com isso, está eliminada a base para a produção de interesses diferenciados, portanto para o conflito de interesses. Um tema recorrente do pensamento político, ao menos desde o século XVII, é o fato de que os interesses são o principal empecilho para o pleno exercício da razão. Na posição original rawlsiana, graças ao

---

2 Jane Mansbridge tornou-se em seguida uma destacada teórica deliberacionista, defensora de uma percepção particularmente ingênua da política não conflitiva (cf. Mansbridge, 1990, 1999).

3 Retomo aqui, de forma muito reduzida e adaptada para os propósitos deste livro, a leitura do pensamento de Rawls que fiz em outro lugar (Miguel, 2014a, cap.9).

CONSENSO E CONFLITO NA DEMOCRACIA CONTEMPORÂNEA    19

véu da ignorância, o empecilho está eliminado e a razão pode se manifestar por inteiro. Seu resultado é a adoção de princípios aceitos unanimemente.

Assim, a parcialidade – o fato de que vemos o mundo a partir de uma posição particular e de que tendemos a desenvolver interesses associados a essa posição – é o mal a ser superado. Não vou aqui empreender a crítica ao valor da imparcialidade, um ideal inalcançável que serve, no mais das vezes, para camuflar a imposição de uma perspectiva que, sendo dominante, está melhor equipada para circular socialmente como universal (cf. Young, 1990). O importante é que, no modelo de Rawls, não sobra espaço para o conflito político.

De acordo com o ideal de Rawls, em todos os momentos do processo decisório, que é apresentado como dividido em quatro estágios sucessivos (Rawls, 1971, p.195-201), estão em vigor mecanismos que afastam os tomadores de decisão de suas posições particulares. Temos aqui, assim, um bom exemplo da tendência identificada por Nadia Urbinati em parte do pensamento político contemporâneo, de dissolução do julgamento político, necessariamente parcial, por um tipo de julgamento judicial, portanto orientado por critérios de imparcialidade (Urbinati, 2010).[4] Como diz um de seus críticos, Rawls "apresenta uma tecnocracia despolitizada. [...] A justiça deve ser determinada em perpetuidade antes do advento do governo e da iniciação da política" (Jackson, 1983 [1980], p.264).

Também na obra final de Rawls, marcada por um esforço de maior realismo, o conflito político é esvaziado. As ideias de posição original e de véu da ignorância perdem centralidade; em seu lugar, surge a noção de um "consenso sobreposto de doutrinas razoáveis" (Rawls, 2005 [1993]). Nesse momento, ele assume que convivemos com uma pluralidade de doutrinas, todas razoáveis em seus próprios termos, mas incompatíveis entre si. Essa situação é fundante

---

4 O fato de que os alvos de Urbinati são Philip Pettit e Pierre Rosanvallon – e que ela busca, de forma deliberada, resguardar Rawls – é completamente irrelevante para a presente discussão.

da condição humana contemporânea e não há expectativa de que mude. Mas Rawls distingue o que chama de "pluralismo propriamente dito", efeito dos interesses conflitantes, desse "pluralismo de doutrinas razoáveis", que é fruto dos "limites da razão". Somos obrigados a permitir doutrinas opostas porque não temos instrumentos para decidir, de forma convincente para todos, qual delas é a correta. O problema que se coloca é como, diante desse fato, garantir a estabilidade social e a aplicação de princípios de justiça com validade universal.

Ou seja: na teoria da justiça de Rawls, o pluralismo não é um *valor* (como para a tradição liberal), mas um problema a ser enfrentado, derivado da *insuficiência* da nossa razão. O processo político assume, em Rawls, uma dimensão epistêmica: deve conduzir a respostas *certas* para as questões levantadas pela sociedade. Há respostas certas de antemão, e a tarefa é encontrar os procedimentos que maximizem a possibilidade de que elas sejam alcançadas.

A essa concepção epistêmica da política, se une a preocupação – central para o Rawls de *O liberalismo político* – com a redução do nível de conflito na sociedade. O consenso sobreposto de doutrinas razoáveis busca garantir que nenhum grupo desafiará os elementos centrais do ordenamento social. O objetivo é estabelecer "um regime democrático duradouro e seguro, que não esteja dividido por correntes doutrinárias em conflito ou classes sociais hostis" (Rawls, 2005 [1993], p.38). Doutrinas que se oponham a esse consenso precisam ser contidas, como se fossem "guerra ou doença" (Rawls, 2005 [1993], p.64).

A filosofia de Rawls conduz à irrelevância da política. Ou as questões estão resolvidas de forma definitiva ou se deve impedi--las de entrar na pauta. Os cidadãos, "fontes autoautenticadoras de reivindicações válidas", possuem direitos políticos que incluem, sobretudo, a possibilidade de apresentar reclamos às instituições, a partir de suas próprias concepções de justiça, desde que, é claro, "tais concepções estejam no espectro permitido pela concepção pública de justiça" (Rawls, 2005 [2000], p.32). Com uma agenda pública reduzida ao mínimo e a ênfase concedida à reivindicação

CONSENSO E CONFLITO NA DEMOCRACIA CONTEMPORÂNEA    21

individual ao poder instituído, o espaço do conflito é eliminado por completo.

O caminho de Habermas é diverso. A afirmação da superioridade do julgamento imparcial é mais matizada e menos central em seu pensamento. Mais importante é o entendimento de que o consenso é o objetivo implícito de todas as trocas comunicativas. O que caracteriza o agir comunicativo, na tipologia de Habermas, é a busca do entendimento entre os participantes, em contraste com a ação instrumental ou com a ação estratégica, voltadas para o sucesso na consecução de objetivos definidos de antemão (cf. Habermas, 2003 [1981], v.1). Na "situação de fala ideal", os falantes devem estar em condições de igualdade e ter liberdade para se expressar. Apenas os argumentos racionais são levados em conta e o objetivo é o consenso. Para Habermas, longe de formarem um ideal arbitrário, ausência de repressão, igualdade entre as falantes e busca pelo consenso são inerentes à natureza da linguagem.

Assim, o requisito de imparcialidade, em Habermas, é mais complexo do que em Rawls. A posição original anula as diferenças entre os indivíduos e, como já observaram inúmeros críticos de Rawls, seu suposto caráter dialógico é enganador: o diálogo entre razões abstratas idênticas é, na verdade, um solilóquio. Já Habermas julga que a abertura para a fala do outro é um pressuposto implícito da comunicação – sem essa abertura, por que falar? – e que a exigência de atenção exclusiva ao argumento racional bloqueia a busca pela satisfação pura e simples dos próprios interesses. Com Habermas, mas não com Rawls, é possível trilhar um caminho que substitui a busca da imparcialidade pela inclusão das múltiplas posições sociais, como faz, por exemplo, Young (2000). Em lugar de uma única perspectiva que tudo abarca, porque não está situada (o indivíduo sob o véu da ignorância), uma miríade de perspectivas que coletivamente tudo abarcam porque estão situadas em todas as posições.

Até meados dos anos 1980, a visão de Habermas sobre a política era sobretudo negativa. Era um campo dominado pela ação estratégica, em que a interação era mediada por uma moeda sistêmica, o poder. Isso não impediu que seus seguidores desenvolvessem uma versão da teoria democrática inspirada tanto no agir comunicativo quanto na visão de "esfera pública" desenvolvida na obra inicial de Habermas (1984 [1962]). A despeito das diferenças internas, os seguidores de Habermas (bem como de Rawls, aliás) delineavam uma visão da democracia como baseada na discussão pública racional, livre e igualitária, resultando em normas que, idealmente, seriam aceitas de forma consensual, graças à força dos argumentos que as sustentavam.

As críticas às teorias deliberativas foram muitas, envolvendo em particular três aspectos (cf. Miguel, 2014a, c.3):

(1) a relativa insensibilidade ao impacto das assimetrias sociais na produção das competências discursivas dos indivíduos, já que apenas se postula que todos devem ser "livres e iguais". Em particular, o problema das preferências adaptativas, que empurra os grupos despossuídos para "consensos" inaceitáveis em outras circunstâncias, fica à margem da discussão. É como se houvesse uma replicação da ideia liberal de que as desigualdades materiais podem ser colocadas "entre parênteses" e não comprometem a efetivação da igualdade jurídica e política;

(2) o apego a um ideal decalcado da comunicação face a face, que encontra dificuldades em lidar com os problemas de escala, centrais nas democracias contemporâneas, e com a necessidade de mediações daí decorrente – em particular a representação política e os meios de comunicação de massa; e

(3) o ponto que interessa aqui, a negligência em relação ao caráter conflitivo da política, reverso da valorização do consenso. Na visão tanto de liberais quanto de pensadores críticos de outras vertentes, aqui se cristalizava o irrealismo das teorias deliberativas, que pouco ou nada diriam de relevante para um mundo em que a política continuava a ser, antes de mais nada, a expressão dos conflitos de interesse

Como reação às críticas e como fruto do debate interno à copiosa literatura da teoria deliberativa, ocorreram movimentos na di-

CONSENSO E CONFLITO NA DEMOCRACIA CONTEMPORÂNEA     23

reção de trazer a teoria mais para perto do chão, desinflando seus elementos utópicos. A exclusividade do argumento racional foi flexibilizada, reconhecendo-se como legítima a introdução, no debate político, de outras formas discursivas, tais como o testemunho, a retórica, a saudação e mesmo a fofoca (Young, 2000; Dryzek, 2000, 2010). Em vez de uma conversação ampla, da qual todas as pessoas potencialmente afetadas pelas decisões pudessem participar, passa-se a discutir a qualidade deliberativa das trocas discursivas em fóruns exclusivos, como parlamentos ou cortes judiciais. A ideia de uma grande esfera pública, aberta a todos, é substituída pela de um "sistema deliberativo" que congrega uma multiplicidade de espaços mais restritos. E mesmo a negociação e a barganha ganham espaço num modelo em que o consenso deixa de ser tão central.

Mas a redução da voltagem utópica do deliberacionismo implica uma crescente aproximação e acomodação com a ordem liberal, do que é expressão o próprio Habermas, quando por fim se coloca na discussão. Em seu *Direito e democracia*, o filósofo alemão trata a opinião pública como a fonte do poder político, num processo em que o público se manifesta por meio das eleições e o parlamento, responsivo a ele, decide levando em conta a sua vontade (Habermas, 1997 [1992], v.I, p.185-90). Nesse segundo momento, a democracia deliberativa deixa de ser uma contestação para se tornar uma justificação da ordem liberal. Deixado de lado o contraste estilístico e a profundidade da pegada filosófica, a narrativa de Habermas sobre o funcionamento das democracias representativas liberais não se encontra muito distante daquela de, por exemplo, um elitista liberal como Anthony Downs (1957).

Nessa periodização estilizada do deliberacionismo, o terceiro momento corresponde a uma revalorização das esferas da sociedade civil como espaço de efetivação das práticas deliberativas.[5] Mas as exigências do processo deliberativo continuam bem esvaziadas,

---

5 Para um amplo e informado balanço da corrente, discutindo a permanência de seu legado crítico, ver R. F. Mendonça (2011). E para uma apreciação do significado dessa acomodação com o liberalismo, ver Faria (2010).

24 LUIS FELIPE MIGUEL

numa reação cada vez mais extremada às críticas ao utopismo do primeiro momento. Além da prevalência do argumento racional e da busca pelo consenso, são flexibilizadas as regras de igualdade e liberdade. Em troca, vigora um requisito de "reciprocidade" (eu devo levar em conta o que os outros falam), em geral entendido de forma bastante frouxa. A impotência decisória da deliberação, traço que já se encontra presente desde o primeiro momento, é enfatizada. Como resultado, constata-se que vivemos cercados de arenas deliberativas, que se tornam praticamente um rótulo aplicado a qualquer espaço em que ocorra a conversação entre duas ou mais pessoas. Trata-se de um movimento que também encontra sua inspiração em Habermas, que, novamente em *Direito e democracia*, via meio de esferas públicas em todo canto: nos bares, encontros na rua ou concertos de rock (Habermas, 1997 [1992], v.II, p.107). A rigor, até a democracia pode ser dispensada – processos deliberativos são vistos em curso mesmo nas instituições políticas da ditadura chinesa (Dryzek, 2010).

Como uma de suas principais teóricas observou, com honestidade ímpar: "a teoria da democracia deliberativa não é uma teoria em busca de prática; antes, é uma teoria que pretende elucidar, melhor do que outras, alguns aspectos da lógica das práticas democráticas existentes" (Benhabib, 2007 [1994], p.75). O que sobra das formulações iniciais é o apreço por mecanismos de redução do conflito e de aproximação ao consenso, dentro dessas "práticas existentes".

Muitas correntes do deliberacionismo focado na sociedade civil têm se aproximado das formulações da "teoria do reconhecimento" de Axel Honneth – um autor que permanece fora do radar de Mouffe, mas que apresenta outra faceta da guinada consensual na teoria democrática.[6] No título e subtítulo de seu livro mais famoso, fala-se de "luta" pelo reconhecimento e da "gramática moral dos conflitos sociais" (Honneth, 2009 [1992]). Mas ele vê o conflito como sintoma, a ser superado, de um processo deficiente de integração social.

---

6 Por exemplo, Tully (2004) e McBride (2005).

CONSENSO E CONFLITO NA DEMOCRACIA CONTEMPORÂNEA **25**

Numa percepção marcadamente idealista, o móvel para o conflito social não são as divergências de interesses, mas o sentimento de injustiça provocado pela ausência de reconhecimento pela outra pessoa.[7] Mesmo as lutas por redistribuição material devem ser entendidas como sendo, em primeiro lugar, clamores por reconhecimento (Honneth, 2003, p.113-4). Embora a moldura teórica venha sendo estendida sistematicamente para a compreensão de movimentos sociais, inclusive pelo próprio Honneth, seu modelo é a subjetividade individual, sendo incorporada uma leitura psicanalítica da relação entre bebê e mãe como a primeira luta por reconhecimento (Honneth, 2009 [1992], p.170). E o horizonte normativo do reconhecimento vai muito além da mera reciprocidade: implica a capacidade de colocar os desejos e necessidades da pessoa reconhecida acima dos seus próprios (Honneth, 2007, p.337).

Rawls, Habermas e Honneth são a linha de frente da percepção de que o conflito de interesses é um mal a ser extirpado – uma sociedade bem ordenada deve ser capaz de produzir suas normas com o mínimo de atrito, seja pela vigência da imparcialidade, seja pela abertura ao argumento alheio, seja pelo altruísmo generalizado. Trata-se de uma postura que guarda um forte componente antipolítico, com a nostalgia de uma comunidade harmônica que o confronto próprio das disputas políticas (e cuja manifestação aberta é uma das características da democracia) não permitiria que florescesse (cf. Miguel, 2000). Esse é um dos pontos principais da crítica desenvolvida por Mouffe.

---

7 Não discuto aqui os problemas relacionados à construção social do sentimento de "injustiça" e da adequada reação de "indignação", que no entanto são centrais para a crítica a Honneth. Também anoto que os honnethianos costumam impugnar a caracterização de seu pensamento como idealista, observando como a dimensão material das lutas sociais está presente em suas obras. Mas o idealismo alemão também não anunciava que desprezava o mundo material, apenas situava-o em algo pretensamente mais amplo e mais profundo. É exatamente o que faz a teoria do reconhecimento. Sobre o ponto, cf. Miguel (2014b).

# 26   LUIS FELIPE MIGUEL

## A dimensão agonística

No final de *Hegemonia e estratégia socialista*, obra que teve um impacto significativo no âmbito da esquerda pós-marxista, Laclau e Mouffe evocam o entendimento de Claude Lefort, segundo o qual na democracia o lugar do poder é um lugar vazio e estão separadas as instâncias do saber, da lei e do poder (Laclau; Mouffe, 1987 [1985], p.210; cf. Lefort, 1983 [1981]). Em que pesem as transformações no pensamento de Mouffe, esse entendimento permanece. A exigência de consenso – e, mais ainda, de um consenso fundado na razão – é uma ameaça à desocupação do lugar do poder e sua separação em relação ao saber e à lei.[8]

Nas obras dos anos 1990 em diante, Mouffe aprofunda e explicita sua crítica em relação aos desenvolvimentos recentes da teoria democrática. Sua atenção se dirige a três elementos principais: o obscurecimento da "soberania popular" como componente do conceito de democracia, que passa a gravitar exclusivamente em torno do Estado de direito e do respeito aos direitos humanos (Mouffe, 2005c [2000], p.3-4); a tendência a apagar a distinção entre política e moral (Mouffe, 2005b, p.5); e o ponto que interessa mais de perto aqui, mas que está intimamente ligado ao anterior, a compreensão do conflito não como fundador da democracia, mas como um problema a ser superado.

A especificidade do político, plano em que se manifestam os antagonismos presentes na sociedade, é o ponto de partida de Mouffe.

---

8 Mouffe contrapõe o princípio de Lefort à doutrina de Rawls, julgando que o problema está na primazia absoluta do direito sobre o bem, que nega a afirmação, do próprio Rawls e sobre a qual ela afirma nada objetar, de que não é possível imaginar uma sociedade baseada numa única doutrina compreensiva (Mouffe, 2005a [1993], p.64). Escrito no momento de maior aproximação (embora crítica) de Mouffe com o comunitarismo, esse texto insinua a ruptura com valores liberais que a autora resgata em obras posteriores. Embora ela não tenha voltado a explicitar a contraposição entre Rawls e Lefort, creio que é possível supor que hoje sua crítica se faria em outra direção – a que procuro esboçar neste artigo.

CONSENSO E CONFLITO NA DEMOCRACIA CONTEMPORÂNEA **27**

Uma vez mais fazendo eco a temas lefortianos (e schmittianos), ela traça a distinção entre *"the politics"* e *"the political"* (em francês, *"la politique"* e *"le politique"*), isto é, entre as práticas e instituições da *política* e a dimensão do antagonismo social, que é própria do *político* (Mouffe, 2005c [2000], p.16). A canalização do conflito e a busca da produção do consenso social mínimo são tarefas das instituições da política, mas elas não anulam a vigência do político.

As ilusões racionalistas, vinculadas à busca de uma ordem consensualmente aceita, vislumbram instituições políticas que se estabelecem na ausência do político. É a crítica que Mouffe faz a Habermas (Mouffe, 1992a, p.13) e, sobretudo, a Rawls, seu alvo mais constante (Mouffe, 2005c [2000]). A moral surge como fundamento da ordem social e, apelando à nossa humanidade comum, situa-a para além das desavenças de interesses e dos conflitos.

Para fundar o entendimento do político, Mouffe recorre a Carl Schmitt. Em seu tratado sobre *O conceito do político*, o jurista alemão estabeleceu, como disse um de seus discípulos, que "toda atividade humana divide, de seu ponto de vista, o universo humano em duas categorias de relações contrárias" (Freund, 1965, p.94). Assim, se a moral distingue bom e mau, a estética distingue belo e feio e a economia distingue útil e prejudicial, "a distinção especificamente política a que podem reportar-se as ações e os motivos políticos é a discriminação entre amigo e inimigo" (Schmitt, 1992 [1932]), p.51).

Trata-se, como Schmitt (1992 [1932]), p.51) admite, de "uma determinação conceitual no sentido de um critério, não como definição exaustiva ou especificação de conteúdos". Ao mesmo tempo, e em consonância com a adoção desse critério, ele vê a política como algo que não ocupa um espaço determinado. Antes, ela vampiriza os diversos setores da vida humana – deles "extrai sua força", segundo a expressão de Schmitt. O político, diz o pensador alemão, "não designa um âmbito próprio, mas apenas o grau de intensidade de uma associação ou dissociação entre os homens, cujos motivos podem ser de cunho religioso, nacional (no sentido étnico ou cultural), econômico ou outro" (Schmitt, 1992 [1932]), p.64).

Em oposição à percepção tipicamente liberal de uma sociedade de indivíduos atomizados, Mouffe concede centralidade à constituição de identidades coletivas – que, estabelecendo uma fronteira entre "nós" e "eles", abrem passo para a produção da oposição schmittiana entre "amigo" e "inimigo" (Mouffe, 2005a [1993], p.2-3). Mas o recurso a Schmitt coloca problemas para Mouffe.[9] A distinção entre "amigo" e "inimigo", tal como formulada em *O conceito do político*, remete a uma constante transistórica, a uma pulsão inata, própria da espécie. Os motivos podem ser vários, como visto, mas a fonte da associação e dissociação seletivas entre os "homens" é a natureza humana. Essa pulsão pode ser lida numa chave biológica e racial, como na interpretação nazista, ou numa chave psicanalítica, como faz Mouffe. Tanto num caso como no outro, paradoxalmente, o conflito que define o político perde seu caráter político: é algo que se desconecta dos mecanismos discursivos próprios da política e dos interesses socialmente fundados. Schmitt fornece a Mouffe algumas boas frases de efeito (além do charme ambíguo de apoiar uma teoria radical da democracia num pensador conhecido por sua vinculação com o nazismo). Mas essa perspectiva, ao dissociar o conflito dos interesses e de seus determinantes históricos e sociais, entra em rota de colisão com outros elementos da obra de Mouffe.

Assumida a irredutibilidade do antagonismo, como cerne do político, coloca-se a questão de como lidar com ele. Está fora de questão adotar o decisionismo autoritário de Schmitt, que reduz a política a um ato de força (Wolin, 1990). O caminho de Mouffe, então, é estabelecer a distinção entre o *antagonismo*, expressão da dicotomia schmittiana de fundo, e o *agonismo*, em que não se defrontam inimigos, mas adversários. Embora a autora não expresse dessa forma, fica claro que a tarefa da política – das práticas e das instituições – é domesticar o antagonismo próprio do político, moldando-o de forma a permanecer compatível com a institucionalidade

---

9 Schmitt é central para Mouffe também por suas observações sobre as antinomias entre liberalismo e democracia (Schmitt, 1996 [1926]; cf. Mouffe, 2005b; 2013, p.137).

CONSENSO E CONFLITO NA DEMOCRACIA CONTEMPORÂNEA   29

democrática. Afinal, "quando não existem canais institucionais para os antagonismos se expressarem de uma forma agonística, eles são suscetíveis a explodir em violência" (Mouffe, 2013, p.122). Em seus escritos mais recentes, a centralidade das instituições que canalizam o conflito é ainda mais realçada. Em polêmica contra pensadores de uma política radical que seria marcadamente extrainstitucional, em particular Hardt e Negri, ela afirma que só por meio do engajamento nas instituições é possível transformar as estruturas de poder (Mouffe, 2013, p.77). Não é questionada sequer a ideia de que a disputa eleitoral deve estar no centro das estratégias transformadoras – quem não participa dela estaria condenado à irrelevância política (Mouffe, 2013, p.76). No entanto, a eleição pode ser pensada como um mecanismo de moderação das reivindicações, o que incentiva a aproximação ao "centro" e se torna muito vulnerável à influência do dinheiro e da mídia.

De alguma maneira, o processo eleitoral encarna a "civilização" do combate político, presente na transformação dos inimigos em adversários, tal como preconizado por Mouffe. Adversários são inimigos "legítimos", que "compartilham a fidelidade aos princípios ético-políticos da democracia liberal" (Mouffe, 1999, p.4; cf. tb. Mouffe, 2005c [2000], p.102). Com razão, ela observa que não é possível falar de um mero consenso em relação a regras e procedimentos, como fazem as teorias liberais em geral, sem observar que tal consenso se estende também aos valores normativos que orientam as regras (Mouffe, 1992a, p.12).

Colocada desta forma a questão, Mouffe está aprofundando a visão pluralista de que é necessário produzir consenso quanto às regras do jogo – incorporando os valores e dando um passo, na verdade, na direção do republicanismo cívico. Para evitar tal movimento e preservar a radicalidade da sua "democracia radical", a retenção de um substrato de antagonismo é exaltada como um diferencial essencial:

> Essa dimensão antagonística, que nunca pode ser completamente eliminada, mas apenas "domada" ou "sublimada" ao ser,

por assim dizer, "jogada" de forma agonística, é o que, a meu ver, distingue o meu entendimento do agonismo daquele apresentado por outros "teóricos agonísticos", aqueles influenciados por Nietzsche ou Hannah Arendt, como William Connolly ou Bonnie Honig. Parece-me que suas concepções deixam aberta a possibilidade de que o político possa, sob certas condições, ser absolutamente congruente com o ético, otimismo que eu não compartilho. (Mouffe, 2000, p.15)

Mouffe coloca a si mesma numa posição complexa. A adesão à ideia de que a democracia liberal estabelece a fronteira das posições políticas aceitáveis faz que ela se aproxime do pluralismo mais convencional – mesmo que se esclareça que isso ocorre não por força de um imperativo moral, como para Rawls, e sim de uma decisão política (Mouffe, 2005b, p.25). Ao mesmo tempo, não se pode ver nas instituições democrático-liberais o resultado da pura racionalidade – porque, com isso, qualquer oposição a elas se tornaria ilegítima (Mouffe, 2005b, p.32). A prevalência dos "princípios ético-políticos" da democracia liberal se impõe não ética, mas politicamente, e deve preservar o espaço da contestação às instituições que realizariam tais princípios. É preciso bastante malabarismo teórico (e retórico) para sustentar tal posição.

Em particular, a produção do consenso sobre tais princípios – definidos como sendo "liberdade e igualdade" (Mouffe, 2005c [2000], p.102) – paira no vazio. Os princípios poderiam ser concebidos na posição original de Rawls, já que sua enunciação não se articula a disputas de interesse e jogos de poder. Talvez (mas só talvez) o consenso apresentado por Mouffe seja factível se assumimos que "liberdade" e "igualdade" são apenas rótulos vazios. Quando investigamos o sentido que deve ser atribuído a tais termos, ressurgem elementos de conflito que estão na base mesma das instituições democráticas liberais.

Também com a intenção de se diferenciar das versões correntes do pluralismo, Mouffe indica que o agonismo não se resume à

CONSENSO E CONFLITO NA DEMOCRACIA CONTEMPORÂNEA 31

mera competição. O "adversário" presente na visão agonística não é "percebido como um inimigo a ser destruído, mas como [...] alguém cujas ideias nós combatemos mas cujo direito a defendê-las não colocamos em questão" (Mouffe, 2005c [2000], p.102). Fica mantida, como diferença, a ideia de uma divergência irreconciliável – mas não estamos tão distantes da "discordância deliberativa" de Gutmann e Thompson (1996), cujo esforço é produzir um modelo deliberacionista que abrigue as desavenças morais.

Mouffe acrescenta ainda a permanência de um engajamento apaixonado na política, em contraposição ao racionalismo das teorias consensualistas (Mouffe, 2005c [2000], p.103-4).[10] Mais importantes do que as diferenças, porém, são as continuidades. No coração da distinção entre antagonismo e agonismo está um princípio de reciprocidade ("dou aos outros o direito de defender suas ideias, tal qual eu tenho"), que é cada vez mais central nas visões deliberativas e está presente também na democracia concorrencial.

Um exemplo eloquente dos limites desse entendimento é dado pela série de televisão *Terra Nova*, produzida por Steven Spielberg e exibida nos Estados Unidos em 2011. Num futuro não tão distante, a Terra tornou-se quase inabitável, devido aos danos ambientais, mas um buraco é descoberto no espaço-tempo que permite a algumas pessoas voltarem ao período cretáceo. O eixo do seriado é a disputa entre os "peregrinos" que desejam um novo começo para a civilização humana (ecologicamente correto, sustentável) e aqueles que querem explorar intensivamente os recursos do passado para transferi-los para o futuro, tornando viável a permanência da vida na Terra no século XXII. O seriado tem posição: os heróis são os peregrinos que buscam romper os laços com o futuro. Mas é possível reconhecer a legitimidade do pleito daqueles que estão presos num planeta condenado. Nem por isso as posições se tornaram menos antagônicas e irreconciliáveis.

---

10 Para uma crítica a incoerências internas ao pensamento de Mouffe, em relação a esse ponto, de uma posição deliberacionista, cf. Dryzek (2005, p.220-1).

Outro exemplo, dessa vez não ficcional, é encontrado nas disputas relativas ao direito ao aborto. Para ambos os lados em confronto, os adversários estão fora do espaço da divergência política aceitável, seja por negarem o direito mais básico, o direito à vida, seja por recusarem à metade da população algo igualmente básico, isto é, direito ao próprio corpo, autonomia e igualdade. Mesmo o veto à violência física é desafiado, como mostram as intimidações, agressões e até assassinatos cometidos pelos militantes "pró--vida" contra ativistas favoráveis ao direito ao aborto (Doan, 2007). As tentativas de construir arenas de deliberação relativas à disputa sobre o aborto distinguem-se por sua ingenuidade e inocuidade (cf. Gutmann; Thompson, 1996, p.85-90; Goi, 2005). E não se trata de uma questão lateral, mas de um problema que põe em xeque o acesso à cidadania e o caráter laico do Estado (Miguel, 2013). É possível até enunciar uma condenação moral à forma como se desenrola a disputa, mas isso não faz com que ela deixe de existir, nem reduz sua importância.

Um crítico simpático a Mouffe julga que o principal problema do modelo agonístico é não se estabelecer efetivamente como modelo, permanecendo na desconstrução do deliberacionismo e não avançando no entendimento de como uma democracia agonística pode lidar com o problema da exclusão e, simultaneamente, manter a função de domar o conflito antagônico (Mendonça, 2010). Creio que é um problema insuperável, nos marcos da distinção antagonismo/agonismo, que limita o alcance da crítica às vertentes hoje hegemônicas da teoria democrática.

Mais do que isso, a crítica de Mouffe às visões consensuais da política (ou do político) e da democracia fica no meio do caminho pela ausência de um elemento: a *dominação*. Ainda que o conceito surja aqui e ali em sua obra, em especial no importante entendimento de que a especificidade da democracia não é a ausência de dominação e violência, mas "o estabelecimento de um conjunto de instituições por meio das quais elas são limitadas e contestadas" (Mouffe, 2005c [2000], p.22), ele não possui peso na sua reflexão. Seu foco está voltado para a *diferença*, conceito que se articula mais facilmente com o modelo pluralista que defende. Se a dominação volta a ganhar centralidade e se a entendemos como a motriz de muitos dos conflitos políticos mais relevantes, então o antagonismo ressurge, não como a pulsão selvagem que precisa ser reconhecida para ser melhor contida, mas como uma dimensão atuante, sempre presente e *positiva* da prática política.

## O antagonismo irrevogável

O fato de que o conflito seja uma característica definidora da política está na raiz do desconforto em relação à própria política. Com frequência, aparece como um veículo para sua própria superação: a harmonia, que é a ausência de discórdia, é o traço comum aos diversos mitos e utopias políticos (Miguel, 2000). Mas também é uma característica das distopias, marcadas pela ausência de contestação – basta lembrar da mais célebre delas, o *1984* de George Orwell. As geniais observações de Maquiavel, há cinco séculos, permanecem válidas: o conflito é o indício de que há liberdade, de que os interesses de uma parte não subjugaram inteiramente os de outra (Maquiavel, 2007 [1513]).

O antagonismo político é, assim, uma manifestação de resistência aos padrões de dominação vigentes na sociedade. Entendido dessa maneira, sua domesticação ou sublimação, como quer Mouffe, significa a acomodação com esses padrões. Da mesma forma, a ideia de um consenso de base em relação aos valores ético-políticos é inconcebível, caso a realidade da dominação seja levada em conta – a não ser que se imagine que os interesses sejam deixados de lado na busca desse consenso, isto é, que se mergulhe uma vez mais no idealismo e na negação da política. O consenso quanto aos valores básicos está sujeito às mesmas formas de manipulação e de produção de preferências adaptativas, comuns às interações entre desiguais, que afetam outras modalidades de consenso.

As manifestações da política antagonista podem ocorrer dentro da institucionalidade vigente, na qual, não raras vezes, se defron-

34   LUIS FELIPE MIGUEL

tam interesses e visões de mundo que não se conciliam e cujo embate se resolve apenas – por vezes, provisoriamente – com a derrota de um dos lados. Mas os grupos dominados têm incentivos para desafiar a ordem estabelecida, já que ela não é neutra, mas reflete as próprias relações de dominação.

O Estado, os mecanismos da democracia representativa e o mercado de trabalho, por exemplo, operam de forma desfavorável às classes trabalhadoras, às mulheres ou à população negra, seja porque se veem em relação de dependência a diferentes formas de capital, seja porque naturalizam as assimetrias na distribuição desses capitais, bloqueando a tematização dos fundamentos das relações de dominação. Estou estendendo, aqui, a noção da "seletividade das instituições" (Offe, 1984 [1972]) para além da dominação de classe. O Estado depende do investimento capitalista para se financiar, é certo, mas o campo político e o mercado de trabalho pressupõem arranjos familiares desfavoráveis às mulheres, as escolas identificam negativamente os integrantes das chamadas minorias, e assim por diante.

Para os grupos dominados, os espaços preestabelecidos de ação política são brechas, conquistadas muitas vezes em embates anteriores, mas também um terreno desfavorável, orientado à reprodução das hierarquias existentes. É possível observar, com Pierre Bourdieu (1979), que o campo político só aceita quem se ajusta a formas de discurso e ação que se afastam daquelas próprias das dominadas; com Claus Offe e Helmut Wiesenthal (1984 [1980]), que o mecanismo eleitoral privilegia a expressão de interesses individuais em detrimento daqueles que precisam ser construídos coletivamente; com Albert Hirschman (1983 [1982]), que o sufrágio universal deslegitima simbolicamente formas mais ofensivas e eficazes de pressão das classes populares.

O antagonismo político, assim, pode se manifestar tanto dentro quanto fora da institucionalidade estabelecida. Adota formas de ativismo, que fogem dos padrões reconhecidos de manifestação política e, em particular, recusam a noção de uma deliberação voltada ao consenso (Young, 2001; Tavares, 2012). São estratégias disrup-

CONSENSO E CONFLITO NA DEMOCRACIA CONTEMPORÂNEA    35

tivas, que incorporam meios de pressão que muitas vezes podem fugir da legalidade (uma ocupação, uma invasão, um *corte de ruta*, um *escrache*, uma sabotagem), mas que se mostram necessários para que as instituições levem em conta reclamos que tendem a ignorar.[11]

O que classifico aqui como política disruptiva não passa necessariamente pela "revolução catastrófica", como dizia Georges Sorel (1990 [1908]). É a contestação da estrutura institucional dada, como forma de forçar sua "ossatura material" (Poulantzas, 2013 [1978]). Estar do lado de fora das instituições é também buscar uma maior imunidade em relação aos mecanismos de cooptação que são sempre operantes e que, embora num sentido diferente do pretendido por Mouffe, contribuem de maneira decisiva para controlar e domesticar a expressão do antagonismo.

Muitas vezes, sobretudo quando ocorre fora da institucionalidade vigente, a ação política dos dominados tem um caráter apenas de *negação* do mundo existente, sem incorporar qualquer programa efetivo para seu reordenamento. Talvez valha a pena, aqui, recuperar o velho motivo soreliano da positividade do momento destrutivo da política. Não é preciso aderir a seu irracionalismo nietzschiano para aceitar que a recusa a um mundo iníquo e o esforço para impedir que ele se reproduza não perdem seu valor por estarem desacompanhados da planta baixa do mundo novo. As grandes transformações históricas tiveram como ponto de partida a negação do presente, não o projeto do futuro (Sorel, 1981 [1914]).

A evocação de Sorel faz colocar em cena a questão da violência. A busca de um consenso de base sobre as regras do jogo – ou, se preferirmos, a transformação do antagonismo em agonismo – tem por função esconjurar a violência política. No entanto, a violência continua presente e ativa nas relações de dominação.[12]

---

11 Não custa observar que, ao lado da "seletividade das instituições", funcionam mecanismos que permitem que os interesses dos grupos dominantes se expressem cotidianamente ao largo da institucionalidade sem causar espanto ou escândalo (conversas privadas, redes de compadrio, visões de mundo compartilhadas).

12 A discussão esboçada aqui é desenvolvida em Miguel (2015a).

36  LUIS FELIPE MIGUEL

Decerto, somos escolados demais para reviver a glorificação acrítica da violência dos dominados, como fazia Sorel ou, depois dele, Fanon. Para o pensador martinicano, "a violência do colonizado [...] unifica o povo"; no que diz respeito ao indivíduo, "desintoxica" e "livra o colonizado de seu complexo de inferioridade" (Fanon, 2011 [1961], p.496). É difícil concordar com esses arroubos, com tantas evidências do caráter intoxicante da violência, qualquer que seja sua origem, e do quanto contribui para gerar novas opressões no mesmo momento em que parece combater as antigas. Também é difícil desprezar a necessidade de produzir mecanismos que permitam uma resolução cotidiana mais pacífica dos conflitos ou descartar a noção de direitos individuais que devem ser protegidos – inclusive contra a violência.

Mas convém não esquecer que, ao lado da violência episódica e visível, que assume a forma do protesto ilegal ou mesmo da criminalidade, há uma violência estrutural que recai diariamente sobre as pessoas que vivem sob a dominação.[13] E não é por carregar o adjetivo "estrutural" que ela é menos real ou mesmo menos física (ou material). A reprodução da ordem, que significa a perpetuação dos padrões de exploração, marginalização e distribuição desigual dos "benefícios da cooperação social", exige um trabalho de violência permanente – e de negação de direitos individuais, uma negação tão completa que não aparece como tal.

Para uma grande parcela da população, a materialidade do "Estado" continua sendo, em primeiro lugar, seu aparelho repressivo. No final do século XX, estimava-se que cerca de 80% dos jovens negros e latinos do sexo masculino da cidade de Nova York já haviam sido presos ou detidos pela polícia ao menos uma vez (Wacquant,

---

13 Slavoj Žižek (2009 [2008], p.9-10) distingue três tipos de violência: subjetiva (a mais evidente, aceita como tal, com um perpetrador individual facilmente identificável), simbólica (encarnada na linguagem) e sistêmica. Sem aderir às reflexões do teórico esloveno sobre a violência, frequentemente tingidas de uma retórica excessiva e pouco ponderadas, julgo que a tipologia pode ser útil. O que chamo aqui de violência estrutural corresponde, em linhas gerais, à sua violência sistêmica.

CONSENSO E CONFLITO NA DEMOCRACIA CONTEMPORÂNEA    37

1999, p.29). O controle autoritário também é a norma nos locais de trabalho, onde o poder discricionário de gerentes e a supervisão constante de capatazes mantêm os trabalhadores em situação de permanente vulnerabilidade.[14] O campo político, assim como o campo da mídia e outros, trabalha para excluir sistematicamente a expressão dos grupos dominados. Rareiam os espaços em que eles possam construir coletivamente seus interesses.

O sentimento de impotência diante de forças que não se pode controlar, o temor de ser alvo de medidas punitivas, a privação dos recursos necessários para orientar a própria vida na direção desejada: essas não são circunstâncias excepcionais, mas o núcleo da experiência vivida de milhões de pessoas. Nesse cenário, é difícil vislumbrar a produção de um consenso autêntico sobre as regras do jogo ou, *a fortiori*, sobre "valores ético-políticos" de base. A concordância, mesmo que voluntária, não implica equilíbrio na capacidade de influência, nem na ausência de relações de dominação. É o que indica a crítica desenvolvida por Carole Pateman à ficção liberal do contrato: indivíduos em posição de maior vulnerabilidade são levados a aceitar ou mesmo a procurar arranjos que reproduzem a situação de dominação (Pateman, 1985 [1979], 1988).[15]

Em seu livro em coautoria com Laclau, Mouffe afirma que "o problema do político é o problema da instituição do social, ou seja, da definição e articulação das relações sociais em um campo marcado por antagonismos" (Laclau; Mouffe, 1987 [1985], p.171). Essa formulação é mais atraente do que a leitura agonística posterior. Em vez de buscar uma fórmula mágica, deixa em aberto a tarefa complexa e mesmo contraditória de quem tenta ler a política de forma crítica: manter as condições de convivência social, sem com isso negar, naturalizar ou legitimar a dominação, a opressão e a violência estrutural; reconhecer as condições de efetividade da ação política

---

14 Para as profissões mais qualificadas, as formas de controle são mais ideológicas, com o predomínio, hoje, da violência simbólica do "terceiro espírito do capitalismo" identificado por Boltanski e Chiapello (1999).

15 Agradeço a Flávia Biroli por ter me chamado a atenção para esse ponto.

38  LUIS FELIPE MIGUEL

dos grupos dominados, sem cair no "vale tudo"; aceitar a universalidade dos direitos anunciados pelo liberalismo, mas entendendo que sua concretização depende das especificidades da estrutura social. E, em particular, buscar promover valores políticos sem abrir mão do realismo, isto é, do entendimento de que a enunciação desses valores não basta, que sua realização também é uma questão política, em que se defrontam posições conflitantes.

Em que pese sua crítica às definições liberais da democracia, Chantal Mouffe compartilha a visão de que esse regime político deve ser justificado de forma neutra em relação aos interesses em disputa. A democracia seria a arena de resolução das disputas políticas, com *fair play* – descrição que não está distante da poliarquia dahlsiana. No entanto, as estruturas políticas nunca são neutras, uma vez que refletem as correlações de força e operam seletivamente.

Na Antiguidade, a democracia, o governo da multidão, era definido como "governo dos pobres" (Aristóteles, 1991 [c. 330 a.C.], p.95). Por muito tempo, essa percepção ecoou no pensamento político, fundamentando, em primeiro lugar, a oposição ao regime democrático ou a necessidade de complementá-lo com salvaguardas para os privilégios das minorias. No século XX, o sentido da democracia é asseptizado e sua vinculação com a promoção dos interesses dos grupos desfavorecidos é apagada. É o movimento que leva à separação entre o governo democrático e a noção de soberania popular, identificada por Mouffe.

É necessário recuperar esse sentido, que faz da democracia uma forma de governo com conteúdo, não um campo neutro. Mouffe observa as tensões irresolvíveis entre democracia e liberalismo, que rotula como sendo o "paradoxo democrático" – não podemos abrir mão de nenhum dos dois, mas não há como sustentar a ilusão de que seus valores se combinam de forma harmônica (Mouffe, 2005c [2000]). Talvez haja aqui apenas uma nova roupagem para a velha discussão sobre a incompatibilidade potencial entre a regra da maioria e os direitos individuais, levando ao argumento tocquevilliano a respeito da tirania da maioria. Há um paradoxo demo-

CONSENSO E CONFLITO NA DEMOCRACIA CONTEMPORÂNEA    **39**

crático mais básico, no entanto: é o regime político que atribui as funções de governo a uma categoria que se define exatamente por não governar. *Povo* não é uma categoria econômica, como "operariado" ou "classe trabalhadora", por exemplo. *Povo* é uma categoria política, que reúne as pessoas que estão submetidas a um governo. Dessa forma, *povo* se opõe exatamente a *governo*: *povo* e *governo* são antípodas na relação de dominação política que é própria das mais diversas sociedades humanas. Um "governo do povo" é, assim, uma contradição em termos.

Tendo esse paradoxo em mente, é possível entender a democracia não como uma forma acabada de governo, mas como um projeto de enfrentamento das estruturas de dominação vigentes numa determinada sociedade. Formas democráticas de governo são respostas parciais, desafiadas permanentemente por novos reclamos democráticos, por um lado, e ameaçadas por movimentos de acomodação e oligarquização, por outro, em um processo sempre inacabado.

Entendida a democracia dessa maneira, o que está em jogo não é a aceitação consensual de valores ético-políticos diáfanos. Liberdade e igualdade são valores em disputa, e o recurso a eles não transcende o antagonismo, apenas o ressitua. Da posição dos dominados, o conteúdo da democracia é a busca da superação da dominação – o que não é uma expressão abstrata, nem uma fórmula de uso geral, pois a dominação assume formas concretas e variáveis nas diferentes sociedades humanas.[16] O antagonismo entre os dominantes e os dominados pode se expressar ou pode ser escamoteado, mas não há fórmula retórica que o faça ser transcendido. O agonismo de Mouffe não é capaz de lidar com essa situação, pois hesita em abrir mão de uma compreensão da política e da democracia que seja passível de aceitação unânime.

---

16 É o que me distingue da noção de "liberdade como não dominação", do republicanismo de Philip Pettit ou Quentin Skinner, que, por não atribuir nenhuma concretude à categoria "dominação", acaba por se revelar compatível com muitas formas de dominação efetivas.

# 2
## DESIGUALDADE E REPRESENTAÇÃO

A familiaridade com que aceitamos a expressão "democracia representativa", que se tornou parte do vocabulário corrente, faz com que esqueçamos o que ela possui de paradoxal. A democracia representativa estabelece um governo no qual o povo é evocado como titular nominal da soberania, mas está ausente dos espaços de efetivo exercício do poder. A representação política formal impôs-se como uma necessidade incontornável, uma vez que o tamanho dos territórios e das populações dos Estados nacionais modernos tornava inviável a democracia direta. Ainda mais importante, é um efeito da extensão dos direitos políticos a uma maior quantidade de grupos sociais, o que ampliou o conflito potencial no interior do *demos* e exigiu mecanismos de mediação para acomodar interesses divergentes e reduzir uma tensão que se poderia revelar disruptiva. Mas é inegável que a exigência de representação amplia as dificuldades para a efetivação de um regime democrático.

É possível, como fizeram tantos, de Edmund Burke (1942 [1774]), Benjamin Constant (1997 [1819]) e John Stuart Mill (1995 [1861]) a Giovanni Sartori (1994 [1987]) e Nadia Urbinati (2006), afirmar a superioridade do governo representativo sobre a democracia popular direta, com base seja na maior competência dos governantes, seja na liberação de energia social para outras atividades além da gestão das questões públicas. Com frequência, essas posições se mostram sensíveis às críticas de teor aristocrático, feitas à democracia desde a Grécia antiga, e procuram matizar os possíveis efeitos deletérios do governo do povo. Nesse sentido, elas têm, ao menos, o mérito de admitir claramente o hiato entre a ideia de democracia e a exigência de representação.

Para aqueles que se mantêm vinculados ao sentido normativo da democracia, torna-se necessário buscar instrumentos que garantam que a vigência da representação não signifique um completo distanciamento entre o governo e a vontade popular. A autorização expressa dos representados e a presença de mecanismos de *accountability* foram em geral consideradas requisitos necessários (e, por vezes, também suficientes) para conferir caráter democrático a uma relação de representação. As insuficiências dessa visão – "formalista", para seguir a terminologia de Hanna Pitkin (1967) – têm sido apontadas pela literatura, o que levou à exploração de novos entendimentos da representação, a começar pela revalorização daquilo que foi chamado, a partir de Anne Phillips (1995), de "política da presença". Constata-se que, ainda que os mecanismos formais de autorização e *accountability*, em particular a eleição popular para o preenchimento dos cargos públicos, estejam em pleno funcionamento, é possível detectar déficits de representatividade. Governantes autorizados pelo povo e submetidos a processos compulsórios de prestação de contas (nas próprias eleições) podem se revelar, e muitas vezes se revelam, pouco responsivos aos cidadãos comuns, vinculados a interesses de grupos minoritários ou mesmo corruptos (Miguel, 2014a, cap.6). A "crise da representação política" nos países democráticos detectada a partir do final do século XX, isto é, a percepção de um sentimento generalizado de não estar representado nas esferas de tomada de decisão, serve de indício de que a autorização e a *accountability* não bastam.

Desdobramentos recentes na discussão têm não apenas criticado, mas descartado autorização e *accountability*, vistas então como condições desnecessárias ou mesmo entraves para uma relação efetiva de representação. O caráter formalista desse tipo de

CONSENSO E CONFLITO NA DEMOCRACIA CONTEMPORÂNEA    43

representação deixa de significar que ele passa centralmente por procedimentos que estabelecem como princípio a igualdade entre todos, como para Pitkin, adquirindo o sentido de "formal" como oposto a "real", tal como na crítica marxista aos "direitos formais burgueses". Penso em visões de representação virtual ou por afinidade, na valorização do papel representativo autoinstituído das organizações da sociedade civil ou na teorização sobre as "reivindicações representativas", feita por Michael Saward (2010). Mas, no afã de chegar a soluções completas para problemas difíceis, tais visões desconsideram elementos centrais do fenômeno de que tratam.

Meu esforço, neste capítulo, é promover alguns "exercícios de dissociação", desvinculando conceitos que muitas vezes são sobrepostos sem maior reflexão e que, assim, obscurecem o entendimento sobre os problemas da representação democrática. Em particular, representação, democracia e legitimidade precisam ser mantidos como três conceitos diferentes. Segundo busco demonstrar, muitos dos problemas das teorias recentes da representação nascem da sobreposição apressada feita entre esses três conceitos.

## Democracia eleitoral não representativa

Para avançar no entendimento da relação entre a representação política e os mecanismos formais de autorização e controle, debruço-me agora sobre uma contribuição crucial à teoria democrática liberal, o tratado sobre *Uma teoria econômica da democracia*, de Anthony Downs. Trata-se de um livro que obteve enorme influência, como uma das aplicações pioneiras da teoria da escolha racional aos problemas centrais da ciência política e como uma surpreendente compatibilização entre os pressupostos de Joseph Schumpeter sobre a incompetência do eleitorado e a ideia de um regime democrático em que o governo efetivamente serviria às preferência do povo.

Os ideais democráticos básicos envolvem, como afirmou Thomas Christiano, a soberania popular, a igualdade política entre os cidadãos e oportunidades iguais de participação nas discussões públicas (Christiano, 1996, p.3). Já a pesquisa empírica sobre a democracia muitas vezes se contenta em aceitar que "a eleição popular dos principais tomadores de decisão é a essência da democracia" (Huntington, 1994 [1991], p.18). É evidente que há um fosso entre os dois polos. A revolução que Schumpeter promoveu na teoria democrática, que abriu caminho para apreciações como a de Huntington, consistiu em negar que os ideais democráticos pudessem ser implementados de maneira minimamente substantiva. Portanto, eles podem e devem ser desconsiderados em nossa análise das formas de governo existentes. Por trás de uma fachada de respeito à soberania popular e de igualdade política, importante sobretudo para garantir a legitimidade do sistema, um governo de minorias imperaria na democracia (cf. Miguel, 2014a, cap.2).

Para tanto, Schumpeter se apoia numa compreensão da natureza humana, que nos levaria a ser cognitivamente incompetentes e desinteressados em relação a tudo o que ultrapassa os limites da nossa atividade cotidiana – o que inclui, para quase todas as pessoas, o conjunto das questões públicas. O povo não governa porque não sabe, nem quer, governar. A democracia torna-se, assim, de acordo com a fórmula célebre, "o arranjo institucional para chegar a decisões políticas no qual os indivíduos adquirem poder para decidir por meio da luta competitiva pelos votos do povo" (Schumpeter, 1976 [1942], p.269). Votos, convém lembrar, concedidos por motivos irracionais, por eleitores incapazes de discernir as opções em jogo, e que portanto não vinculam os eleitos a nenhum tipo de preferência popular.

Partindo do modelo schumpeteriano, Downs o subverte. Ele busca mostrar como, mesmo sem postular uma racionalidade mais elevada do eleitorado, tampouco exigindo uma fórmula institucional mais inclusiva ou favorável à participação, é possível ver o mecanismo eleitoral como um instrumento de efetivação da vontade do povo. De alguma maneira, o método concorrencial realizaria a essência da democracia, ainda que desprezando os ideais democráticos.

CONSENSO E CONFLITO NA DEMOCRACIA CONTEMPORÂNEA   45

Mesmo sem entender as questões públicas, o cidadão de Downs sabe que as decisões de governo têm impacto em sua vida – e deseja ter uma vida cada vez melhor. Sendo racional, vai manter aqueles governos que melhoram suas condições de existência e substituir os que não conseguem fazê-lo. É uma racionalidade que exige um grau mínimo de informação e se apoia por inteiro na apreciação impressionista da evolução do próprio bem-estar. Como esse bem-estar é, por definição, um fenômeno subjetivo, o fato de que a apreciação seja impressionista não a desqualifica: meu bem-estar é indistinguível da *impressão* de bem-estar que experimento.

Eleitores que operam com racionalidade, ainda que ela seja pouco exigente, se defrontam, no modelo, com candidatos aos cargos políticos que se pautam por critérios igualmente racionais. Uma premissa fundamental de *Uma teoria econômica da democracia*, que passou a integrar o senso comum da ciência política posterior, é que o objetivo dos líderes políticos e dos partidos é unicamente a obtenção e a manutenção do poder. Por consequência, o objetivo dos governos é a maximização de sua base de apoio político. Assim, "os partidos formulam políticas para vencer eleições, em vez de vencerem eleições para formular políticas" (Downs, 1957, p.28). O modelo todo estabelece um silogismo, cuja conclusão é óbvia. Os políticos lutam para se manter no poder, mas para isso precisam obter o voto popular. Os eleitores comuns votam de acordo com a melhoria de suas próprias condições de vida. Logo, políticos racionais, em busca da satisfação de seu interesse egoísta de permanecer no poder, agirão para atender ao máximo e da melhor forma possível os interesses do povo.

A democracia concorrencial, descrita dessa forma, seria superior à própria democracia direta. A vontade popular guiaria as ações do governo, sem que a massa dos cidadãos tivesse que abandonar suas atividades cotidianas, por pouco tempo que fosse, para tomar parte no processo decisório. E ainda mais: os políticos concorrendo pelo poder procurariam satisfazer até demandas não formuladas, difusas ou latentes, uma vez que só conta o resultado em termos do bem--estar subjetivo. A vontade popular seria obedecida antes mesmo

46 LUIS FELIPE MIGUEL

de se manifestar, antes mesmo de se estabelecer como vontade. Em suma, o sistema democrático concorrencial desenhado por Downs é *perfeito*, no sentido que Kant atribuía a uma constituição perfeita: aquela na qual mesmo uma "raça de demônios", desde que fosse inteligente, agindo em busca do interesse próprio, teria que beneficiar o interesse coletivo (apud Arendt, 1993 [1982], p.25).

Não cabe aqui discutir as muitas fragilidades do modelo de Downs, que está fundado numa série de simplificações insustentáveis relativas ao comportamento dos cidadãos comuns, aos incentivos dos políticos e ao próprio processo eleitoral, restrito a dois polos, que são candidatos e eleitores, sem espaço para agentes intermediários como grupos de pressão, financiadores de campanha, interesses corporativos ou a mídia (cf. Przeworski, 1995 [1990], p.37-9; Pizzorno, 1993; Miguel, 2002). O autor afirma que seu modelo não seria normativo, porque "não contém postulados éticos e não pode ser usado para determinar como os homens devem se comportar", nem descritivo, pois "ignora todas as considerações não racionais tão vitais para a política no mundo real" (Downs, 1957, p.31). Seria um modelo "positivo", capaz de funcionar de acordo com seus próprios postulados. Mas a distinção é frágil e o uso do modelo tanto como balizamento normativo quanto como diretriz para estudos empíricos começa, na verdade, no próprio livro de Downs.

Quanto ao ponto que nos interessa aqui, Downs introduz um importante acréscimo à percepção de Schumpeter. Enquanto a descrição da democracia concorrencial feita pelo escritor austríaco prevê apenas um instrumento de autorização popular, por meio das eleições, Downs põe em operação também um mecanismo grosseiro, mas eficiente segundo sua narrativa, de *accountability*. É na competição pelos votos populares que o governante recebe autorização para exercer o poder. É a eleição também que estabelece o veredito popular sobre o seu mandato anterior. Os dois elementos são necessários para o funcionamento do modelo de Downs.

No entanto, o governante downsiano não representa as preferências dos eleitores, porque essas preferências não estão estabe-

CONSENSO E CONFLITO NA DEMOCRACIA CONTEMPORÂNEA 47

lecidas por eles; nem representa a vontade do povo, porque essa vontade também não existiria. Talvez se pudesse dizer que ele representa a preferência ou vontade difusa do eleitorado pela melhoria geral de suas condições de vida, mas tal afirmação está muito distante do uso corrente de "representação", mesmo na literatura especializada.[1] Nesse caso, seria mais razoável dizer que eles são um *instrumento* dessa aspiração, em vez de representantes.

A situação fica mais clara se pensarmos num paralelo entre as relações do médico com seu paciente e do advogado com seu cliente. Dizemos que o advogado representa o cliente e, de fato, essa é uma das inspirações principais para se refletir sobre a representação política. Ainda que o cliente ignore os melhores caminhos legais e possa, muitas vezes, ser aconselhado pelo advogado a adaptar suas ambições às possibilidades existentes, tipicamente ele possui demandas claras e específicas que o profissional deve atender. Já o médico deve alcançar um objetivo genérico, que via de regra está vinculado à sobrevivência, saúde ou bem-estar do paciente.[2] Sob certo ponto de vista, é um instrumento da busca do doente por sua cura; mas, a não ser de maneira muito simbólica, não diremos que é seu representante. Se a relação entre médico e paciente pode ser enquadrada no molde geral das relações entre um agente e um mandante ("principal", de acordo com a bizarra tradução do inglês que se firmou na ciência política brasileira), é como demonstração de que esse tipo de relação *não* implica obrigatoriamente representação.

As diferenças entre as relações advogado-cliente e médico-paciente se ligam à existência de objetivos mais bem e livremente definidos conforme a capacidade de interlocução entre as partes e o grau de autonomia do agente. O governante de Downs situa-se, com clareza, do lado do médico. Em seu modelo, o processo elei-

---

1 E, afinal, "o sentido de uma palavra é seu uso na linguagem" (Wittgenstein apud Moi, 1999, p.7)

2 Intervenções médicas com finalidade estética fogem do modelo; essa é exatamente uma das razões pelas quais elas impõem uma nova ordem de questões éticas para o exercício da medicina.

# 48 LUIS FELIPE MIGUEL

toral gera um governante que serve à população sem, no entanto, representá-la. A democracia concorrencial de Schumpeter e de Downs não é, evidentemente, uma democracia direta. Mas, exceto formalmente, tampouco é uma democracia representativa.

## Autorização e *accountability* não eleitorais

Estabelecido que é possível que o processo eleitoral promova uma forma de democracia que não é representativa, passo agora ao segundo "paradoxo" que organiza esta discussão. Uso aspas porque julgo que é, tanto quanto o primeiro, um paradoxo apenas aparente, efeito da associação automática entre conceitos diversos. Quero apontar que os mecanismos de autorização e *accountability* não se resumem aos procedimentos eleitorais. De fato, meu alvo é o negativo dessa posição: quero argumentar que a defesa de formas de representação não eleitoral, presente em parte da literatura contemporânea sobre representação política, não justifica o abandono de instrumentos de autorização e *accountability* que, afinal, permanecem sendo vetores incontornáveis da esperança de que os representados possam exercer algum tipo de controle sobre seus representantes.

Estou me referindo ao entusiasmo com que parte da ciência política brasileira recente acolheu e teorizou novas formas de representação, à margem das eleições, em espaços paralelos ao parlamento, como os conselhos e as conferências de políticas públicas. Meu objetivo, aqui, não é analisar a dinâmica decisória ou a composição social de conselhos ou conferências, tarefa de que outros certamente poderiam se incumbir com mais competência, mas investigar como se estabelecem discursos que constroem os agentes que participam desses espaços como representantes democráticos e legítimos de interesses diversos.

No início, esses espaços foram lidos sob a chave da participação política. Junto com os orçamentos participativos que eclodiram por todo o Brasil a partir do final do século XX, seguindo o exemplo de Porto Alegre, formavam as "novas arenas" de participação.

No entanto, logo ficou claro que, uma vez que as organizações da sociedade civil que ganhavam assento nesses espaços falavam em nome de interesses ou de públicos que permaneciam ausentes, era preciso estudá-los sob a ótica da representação. A rigor, até mesmo o estudo dos orçamentos participativos ganha quando os entendemos como estruturas alternativas de representação política, dada a sua estrutura tipicamente piramidal e a taxa de participação relativamente baixa (Miguel, 2003), mas esta é uma discussão que não cabe aqui.

Boa parte daqueles que ocupam assentos nesses espaços são, em maior ou menor medida, representantes autoinstituídos dos setores ou grupos pelos quais falam. Em texto anterior, apontei alguns dos problemas que advêm dessa situação (Miguel, 2014a, cap.8). Aqui, concentro-me em um deles, a falta de instrumentos que permitam o controle dos representantes por seus pretensos representados – isto é, a falta de mecanismos de autorização e *accountability*.

Se parte da literatura prega a "redução da preocupação com a legitimidade dessas novas formas de representação" (Avritzer, 2007, p.459), outros afirmam que são formas legítimas, ainda que a interlocução entre representantes e representados esteja ausente ou seja pífia. Um texto exemplar, nesse sentido, indica a necessidade de "superar a concepção monista de legitimidade, apontando a pluralidade das formas de representar e ser representado" (Almeida, 2012, p.11). A legitimação seria

> derivada, na medida em que tanto o Estado quanto a sociedade reconhecem estes atores como interlocutores válidos. Em relação à sociedade, há um grupo no qual está a origem da representação exercida por estes representantes, mas este grupo pode incluir ou não todas as associações ligadas ao tema ou mesmo não estar organizado em associações. (Almeida, 2012, p.15)

A legitimação derivada se metamorfoseia numa "autorização derivada", que "não está baseada no pressuposto da igualdade matemática, mas em uma igualdade que se volta para a consideração das diversas manifestações da sociedade, discursos, preferências e interesses não expressos pela via eleitoral" (Almeida, 2012, p.41).

No entanto, a igualdade "matemática", descartada tão facilmente como algo intranscendente, é um dos fundamentos normativos da própria democracia. Ela indica o respeito igual que deve ser concedido aos interesses e às vontades expressas de cada um dos cidadãos, algo que é insuficiente, sem dúvida, mas que também é indispensável. O autor que é evocado para sustentar a crítica à igualdade matemática, Pierre Rosanvallon, na verdade a condena como parte de uma utopia democrática que convém descartar. Se não concordamos com esse veredito – se, ao contrário, julgamos que é necessário manter essa utopia democrática como nosso horizonte normativo –, então cabe perguntar em que consiste a nova igualdade sugerida por Almeida. Afinal, na vida política de sociedades desiguais, são sempre os grupos poderosos que possuem maior capacidade de expressar seus "discursos, preferências e interesses" por via não eleitoral.

Julgo que, no lugar da igualdade matemática, não surge uma forma de igualdade nova, aprimorada. Entra, isso sim, uma preocupação com a qualidade da discussão, isto é, com a capacidade de intervenção esclarecida no debate, cujos laivos elitistas são evidentes. Os representantes autoinstituídos não precisam obter a autorização ou prestar contas a seus pretensos representados porque se julga que eles estão mais bem aparelhados para contribuir positivamente para a formulação de políticas públicas. Os cidadãos comuns ganhariam quando representados por indivíduos e associações que conhecem suas necessidades e seus interesses melhor do que eles mesmos. A legitimação derivada, que faz o Estado e os outros agentes já reconhecidos da sociedade civil escolherem quais serão seus interlocutores, é a contraface da despossessão do público em geral, visto como insuficientemente apto para participar. Nas palavras de estudiosos da experiência brasileira,

> a força de autorização para a representação nos espaços participativos nacionais estudados não emana dos representados, e sim do

CONSENSO E CONFLITO NA DEMOCRACIA CONTEMPORÂNEA 51

órgão que institui o espaço ou do reconhecimento por organizações que já estão legitimadas para atuação naquela instância. Em certo sentido há uma tendência ao hermetismo, pois poucas são as oportunidades de inclusão de novas perspectivas sociais nesses espaços, seja pela impossibilidade já instituída nos atos normativos que exigem requisitos para a participação em nível nacional, seja pela dificuldade de novas organizações adentrarem nos círculos de poder já delimitados. (Teixeira; Souza; Lima, 2012, p.41)

No final das contas, o que se busca com a exaltação dos representantes autoinstituídos é um atalho para a resolução dos problemas relativos à participação e representação políticas – problemas que passam, sim, pela baixa qualificação média dos cidadãos. Mas, em vez de enfrentá-los, promovendo a ampliação da capacidade de interlocução política das pessoas comuns, isto é, por meio da redistribuição do capital político, opta-se por sua substituição por agentes bem-intencionados, que se colocam numa posição paternalista em relação a essas pessoas. Mas o problema do paternalismo, como tive ocasião de apontar em outro texto (Miguel, 2015b), é que, via de regra, ele mascara uma relação de dominação.

Indicar que a carência de formas de autorização e *accountability* é um problema para essas novas instâncias de representação não significa, porém, que se julgue que elas devam necessariamente incorporar procedimentos de tipo eleitoral. Embora muitas vezes autorização e *accountability* sejam interpretadas como facetas do processo eleitoral, elas não se resumem a ele. As eleições são um meio para a obtenção da autorização e para a efetivação da *accountability*, que, por uma série de razões, se firmaram como o meio por excelência de transferência formal de poder decisório, da representação política. Mas outros meios estão em funcionamento de maneira mais informal e permanente na esfera pública discursiva, que permitem que grupos e indivíduos reconheçam seus porta-vozes, ao mesmo tempo que esperam que eles se justifiquem diante de si. A tarefa de quem busca aprofundar o caráter demo-

## 52 LUIS FELIPE MIGUEL

crático dessa representação é preservar e aprimorar esses mecanismos, não descartá-los em nome da *expertise* superior dos pretensos representantes.

Retomo aqui a ideia de que a representação política pode ser analisada a partir de três dimensões (Miguel, 2014a, cap.3). A primeira delas se refere à transferência formal de poder decisório. É aquela que passa pelas eleições, tanto para os poderes de Estado, quanto para sindicatos ou associações. Na medida em que conselhos e conferências têm capacidade de decisão, a ausência de um mecanismo formal de transferência de poder gera problemas de legitimidade. Entende-se que a adoção de procedimento eleitoral é contraindicada, pois replicaria a dinâmica e os vícios da esfera política tradicional. Mas, nesse caso, os vínculos informais com os representados, próprios das outras duas dimensões da representação, precisariam ser reforçados, não desprezados.

A segunda dimensão da representação política está relacionada à participação no debate público e na formação da agenda – não no sentido do direito formal, garantido a todos pela regra da liberdade de expressão, e sim da capacidade de gerar efeitos no debate. Os representantes eleitos exercem essa capacidade, mas ao lado deles estão muitos outros agentes, porta-vozes de diferentes demandas, interesses e valores. Eles se esforçam por chamar a atenção para questões, modificar a hierarquia dos temas que já estão na agenda ou reforçar determinados enquadramentos relativos aos problemas em pauta. Seus alvos são a chamada "opinião pública", os meios de comunicação e também os próprios espaços formais de decisão.

É evidente que não se pode esperar que essa segunda dimensão da representação repita os procedimentos eleitorais de autorização e *accountability* que são próprios da primeira. Ela ocorre em uma multiplicidade de espaços, de uma forma fluida que indica uma possibilidade permanente de intervenção de novos agentes, de deslocamento dos arranjos já estabelecidos, de reapropriação por parte dos representados. Mas isso não significa que os representantes possam se independentizar. Não se trata de uma forma de representação

CONSENSO E CONFLITO NA DEMOCRACIA CONTEMPORÂNEA     53

virtual ou putativa, em que aqueles que têm acesso à esfera pública agem como julgam que os pretensos representados gostariam. É necessária a interlocução e a busca de responsividade pelas preferências dos representados: formas de autorização e *accountability* que ficam à margem dos procedimentos eleitorais, mas que estão presentes nas relações cotidianas de lideranças com suas bases.

Da forma como indico aqui, a representação política democrática não se resume a uma relação vertical entre representante e representados, mas inclui, como uma dimensão igualmente importante, a relação horizontal entre os representados. Se as suas preferências não são dados prévios, mas construções vinculadas às próprias disputas políticas, o diálogo interno é um momento crucial do processo representativo – eis a terceira dimensão da representação. Organizações da sociedade civil só se credenciam como representantes democraticamente legítimos dos grupos em nome dos quais falam caso fomentem esse diálogo.

Em boa parte das teorias recentes da representação pela sociedade civil, o diálogo entre e com os integrantes do grupo, por meio do qual as preferências coletivas podem ser produzidas de maneira mais autônoma, é preterido por uma espécie de "atalho" que permitiria que essas preferências, presumidas a partir de um ponto de vista externo, se fizessem ouvir em espaços decisórios vedados às pessoas comuns. Sem a interlocução interna ao grupo, que também permitiria aos representados uma maior capacidade de supervisão e controle sobre os representantes, e sem interlocução entre os porta-vozes e seus pretensos constituintes, há uma forma de autoautorização e também de autoavaliação, por critérios que, uma vez mais, são estranhos à base. Há aqui um grave menosprezo pelo ideal de igualdade que é próprio da democracia. A ausência do reconhecimento da necessidade de promover, ativa e permanentemente, a ampliação da capacidade de interlocução entre representantes e representados, bem como da produção autônoma das preferências pelos últimos, é um retrocesso importante em relação às correntes da democracia participativa. O paternalismo subjacente implica a percepção de que a incapacidade política dessas pessoas é um dado de uma realidade que não vale a pena combater ou questionar.[3]

Ou seja: autorização e *accountability* não podem ser reduzidas à manifestação de preferências prévias a serem agregadas – uma observação que é válida mesmo para analisar a qualidade democrática da primeira dimensão da representação política. Autorização e *accountability* devem ser entendidas como processos dialógicos e as eleições são um instrumento, entre outros, para a realização do diálogo. Os argumentos de eficiência e *expertise* ignoram a exigência da troca de razões entre representantes e representados, colocando em seu lugar a sensibilidade e a boa vontade, o que representa a abdicação do ideal democrático de ampliação da igualdade.

Ao mesmo tempo, a literatura sobre a emergência de "novas arenas participativas", na forma de conselhos e conferências de políticas públicas ou mesmo de orçamentos participativos, tende a ignorar os "velhos espaços representativos". A relação com as instâncias representativas tradicionais, porém, não pode ser ignorada, porque coloca em questão a eficácia dessas arenas. Os poderes legislativo e executivo determinam a amplitude das questões submetidas à deliberação nos conselhos e conferências, bem como a efetividade de suas decisões. Há uma espécie de esquizofrenia analítica quando as injunções de eficácia são mobilizadas como justificativa para descartar a questão da representatividade dos porta-vozes, mas estão ausentes da discussão sobre a relação com os poderes do Estado.

É possível fazer um paralelo com a estratégia leninista de duplo poder, tal como formulada nas "Teses de abril" e em outros textos escritos no calor da Revolução Russa (cf. Lênin, 1978 [1917], 1985

---

3 A literatura observa também que, nos conselhos, há pouca interlocução entre os representantes e as próprias entidades que os indicaram; "os conselheiros acabam emitindo sua própria opinião sobre determinado tema, resultado do seu acúmulo pessoal ou da sua adesão às propostas defendidas no calor do debate" (Tatagiba, 2002, p.66).

CONSENSO E CONFLITO NA DEMOCRACIA CONTEMPORÂNEA **55**

[1917]). Mas Lênin procurava estabelecer uma estratégia revolucionária, em que a relação entre o poder dos sovietes e o poder do parlamento burguês era um problema central. A dualidade de poderes indicava um impasse, que precisaria ser resolvido em favor de um ou outro dos interesses em choque. É próprio do pensamento de Lênin o entendimento de que as instituições da democracia representativa são impermeáveis aos interesses das classes dominadas, podendo talvez manipulá-los, mas nunca atendê-los. A tarefa que ele então se propunha era o esvaziamento do parlamento e a concessão de "todo o poder aos sovietes", segundo a célebre palavra de ordem.

Embora não haja, nem de longe, uma teorização similar, as análises focadas nas novas arenas representativas também partem de uma desesperança com os mecanismos de representação tradicionais, fundados em eleições, em parlamentos e na competição partidária. A primeira virtude desses novos espaços seria o fato de não estarem contaminados pelas dinâmicas políticas antigas. Mas não se enfrenta o que significa essa convivência entre duas lógicas diferentes de legitimação política. Pelo contrário, ocorre uma acomodação tácita entre o poder político convencional, com suas práticas viciadas, e os espaços participativos, que incidem sobre uma fatia secundária dos recursos simbólicos e materiais do Estado e não têm condições de promover um reordenamento abrangente da ordem social, mas influenciam agendas específicas e propiciam medidas compensatórias localizadas para grupos em desvantagem. Uma acomodação que abre mão do horizonte da igualdade política e do aprofundamento da democracia.

## Representação, democracia e legitimidade

Os problemas com a compreensão do papel representativo de organizações da sociedade civil se ligam a duas questões de conceito mal-resolvidas. Uma delas é a tendência a assumir qualquer

56 LUIS FELIPE MIGUEL

forma de expressão na esfera pública como uma manifestação de representação política. A outra é a sobreposição entre representação, democracia e legitimidade – ou, melhor ainda, entre os adjetivos derivados, "representativo", "democrático" e "legítimo", que são usados como se pudessem ser livremente substituíveis entre si.

O principal efeito colateral da expansão do sentido da representação política para além da delegação formal de poder é que suas fronteiras se tornam bem menos definidas. Penso em quatro situações diversas:

(1) Alguém apresenta o testemunho de uma situação particular ou a demanda por uma reparação individual – uma vítima da violência policial ou da criminalidade, um usuário de um serviço público, um investidor em busca de incentivo estatal etc. Seu discurso é apropriado como sendo um *caso típico* de um universo mais amplo de condições similares. O próprio falante, aliás, possui estímulos fortes para enquadrar seu caso como típico de outros, pois com isso cresce a atenção que é dada a ele e há possibilidade de mobilizar uma solidariedade estendida. Mas o fato de que esse discurso se apresenta e/ou é visto como representativo faz do seu emissor um representante (e, em particular, um representante político) de outros?

(2) Uma pessoa com notoriedade decide utilizá-la para abraçar uma "causa". Para citar o exemplo preferido da literatura, o cantor Bono Vox, do grupo de rock irlandês U2, coloca-se como porta-voz das necessidades prementes dos pobres da África. O acesso privilegiado à mídia, proporcionado por sua posição na indústria do entretenimento, garante atenção às suas declarações e também promove o reconhecimento por outros agentes (líderes políticos, organizações não governamentais, governos, as Nações Unidas), que sabem que ganharão visibilidade por associação ao escolhê-lo como interlocutor. Mas essa forma de *voluntarismo altruísta* o torna um real representante dessas populações?

CONSENSO E CONFLITO NA DEMOCRACIA CONTEMPORÂNEA 57

(3) Uma organização voluntária se estabelece com o objetivo de contribuir para a superação de carências de uma determinada população.[4] Como costuma ocorrer, há um duplo movimento de profissionalização, com a transferência de recursos do Estado ou a captação de fundos junto a entidades privadas, e de reconhecimento, pelos agentes governamentais e pelos meios de comunicação. A organização passa a verbalizar as (pretensas) demandas daquela população, em diferentes fóruns e na esfera pública midiática. Mas até que ponto a *expertise engajada* a credencia como representante das pessoas em cujo nome está falando?

(4) Um movimento social reivindica o direito de falar não apenas por aqueles que dele participam, mas por todo um grupo maior, que não está necessariamente disposto a integrar suas ações ou tão envolvido com as bandeiras que empunha. A *mobilização militante* constrói a si mesma como a ponta (menor ou maior) de um iceberg de reivindicações sufocadas. Mas a vanguarda está realmente sintonizada com os interesses das "pessoas comuns" ou, ao contrário, tende a se afastar deles?

(Existe uma zona de sombra entre as duas últimas categorias. A "onguização" de movimentos sociais, com a profissionalização de seus integrantes, é um fenômeno bem conhecido. E a presença ou não de vinculação primária dos *experts* engajados com seu grupo de referência pode ter consequências para a análise da legitimidade de suas pretensões de representatividade. Em favor da economia da exposição, deixarei esta questão de lado.)

Todas as quatro situações apresentam formas legítimas de intervenção no debate público. Cabe discutir em que grau são formas de representação política e, sendo, o quanto se qualificam para receber

---

4 Não gostaria que o termo "carências" dessa frase fosse entendido em sentido muito restritivo. Uma organização de *lobby* feminista como era o CFEMEA, por exemplo, procura suprir o que ela percebe como uma carência de sua população-alvo, a articulação política em favor dos direitos das mulheres.

58     LUIS FELIPE MIGUEL

o adjetivo "democrática". Parte da literatura recente da ciência política ignora tais questões, vendo reivindicações de representação latentes em qualquer discurso no espaço público.[5] A construção teórica mais evocada (e também a mais elaborada), a esse respeito, é a de Michael Saward.

Ele observa, com razão, que a representação política está permanentemente sujeita à contestação. No entanto, ao defini-la como um processo ininterrupto de produção, recepção, aceitação e rejeição de reivindicações representativas (Saward, 2010, p.36), desloca o foco da relação entre os representantes (ou "representantes *wannabes*", por assim dizer) e sua base para a relação interna às redes discursivas que admitem alguém como representante de um grupo ou de um interesse. Mas essas redes são formadas pelas instituições do Estado, pelos veículos de comunicação, pelos interesses já estabelecidos. O deslocamento implica relegar à irrelevância política as pessoas comuns.

Essa *démarche* é coerente com a percepção de que a questão não é "há representação aqui", mas "qual o impacto de evocar representação aqui" (Saward, 2010, p.26). No entanto, as duas questões possuem importância, caso a democracia permaneça no horizonte como valor que permite aferir a qualidade da relação de representação. O fato de que determinados grupos e indivíduos sejam capazes de evocar com sucesso a posição de representantes sem manter qualquer troca substantiva com as populações que dizem representar indica não a irrelevância do problema da vinculação com a base, mas os vieses das redes de atribuição de legitimidade. O fato de que Bono Vox passe por representante de africanos famintos não significa que ele os represente em qualquer sentido normativamente íntegro da representação política. E tampouco significa que

---

5 Com o complicador de que as novas tecnologias geraram um espaço público ampliado, tratado por muitos usuários como quase privado. A literatura sobre discussões nas redes sociais da internet é particularmente vulnerável a uma equivalência ingênua entre verbalização e representação (e.g., Mendonça; Cal, 2012).

CONSENSO E CONFLITO NA DEMOCRACIA CONTEMPORÂNEA 59

sua atuação não possa, eventualmente, ser considerada meritória e digna de respeito.

Numa manifestação típica do polianismo dessa vertente da teoria política, Saward observa que os representantes não eleitos (que são também os que não estão submetidos a processos de autorização e *accountability*) permitem escolha permanente e mais matizada, abrem espaço para a identificação não partidária, dão voz para os afetados e mesmo maior controle, por meio das redes de governança (Saward, 2010, p.93). Em suma, nós somos condenados a ser representados por representantes eleitos; com os não eleitos, há uma escolha mais efetiva: "Nós normalmente não temos a oportunidade de escolher representantes não eleitos de uma maneira tão clara, mas também não estamos *fadados* a tê-los ou a segui-los" (Saward, 2010, p.94).

Não estamos "fadados" porque, nesse modelo, somos dispensáveis – a rigor, o "representante" não precisa de seus representados. Porém, permanece o fato de que, nas circunstâncias das sociedades contemporâneas, a presença política direta não é uma possibilidade. A escolha é entre porta-vozes que mantêm ou que não mantêm interlocução com sua base. Dito de outra forma, as características de informalidade, ausência de regulação e mesmo competição selvagem da representação não eleitoral permitem tanto a reapropriação permanente pelo público quanto a independentização dos representantes. O foco exclusivo na efetividade e a despreocupação com os mecanismos de vinculação representante-representado fazem que a teoria de Saward, apesar dos reclamos em contrário, aponte decididamente na direção da segunda opção.

Para superar esses problemas, é necessário diferenciar os conceitos de representação, democracia e legitimidade. Na clássica formulação weberiana, a *legitimidade* se liga às condições de estabilidade de uma determinada forma de dominação; de forma mais ampla, a ciência política a associa a um consenso socialmente difuso sobre a justeza ou, ao menos, a aceitabilidade de uma instituição ou de uma prática. Governos legítimos não são necessariamente democráticos ou representativos, como fica claro já a partir de Weber e de suas categorias da dominação tradicional e da dominação carismática. Mesmo na democracia, formas legítimas de ação não são necessariamente representativas, como é o caso da busca por reparações individuais.

Ao mesmo tempo, nem toda representação é democrática, conforme já indicava Hanna Pitkin. Uma monarca representa seu país, na medida em que é capaz de falar por ele, sem ter se submetido a procedimentos democráticos. E, por fim, a democracia não se esgota nos procedimentos representativos, não apenas porque seu modelo inicial prevê a participação direta de todos, nem mesmo porque uma parcela do que há de mais valioso nos regimes democráticos contemporâneos se liga aos direitos e garantias individuais. Um dos elementos centrais da nossa compreensão de democracia é a ideia de igualdade, que, na verdade, está em tensão permanente com a representação, que introduz necessariamente a desigualdade entre representantes e representados.

Voltando às quatro situações apontadas acima, é difícil sustentar que o discurso em que o emissor se descreve como *caso típico* apresente, por si só, uma reivindicação de representação política. Ele pode compor um discurso mais amplo, em que a similaridade da própria condição com a de outros sustente essa reivindicação. Mas a reivindicação *precisa ser feita*. Um representante político necessariamente almeja falar em nome de outros. Se os outros reconhecem a semelhança das circunstâncias ou terceiros identificam aquele discurso como traduzindo a realidade de toda uma categoria de situações, mas não há um movimento na direção da transcendência do caso particular, podemos falar talvez em representatividade, mas não em representação política.

Também é pouco complexa a situação do *voluntarismo altruísta*, em que alguém fala em nome de outros, mas de uma maneira em que eles estão impedidos de constituir um autodiscurso. A declaração de Bono é exemplar: "Eles [os africanos famintos] não me pediram para representá-los. É atrevido, mas espero que eles estejam contentes com o que eu faço" (apud Saward, 2010, p.82). As populações em nome de cujas necessidades ele fala não possuem um es-

CONSENSO E CONFLITO NA DEMOCRACIA CONTEMPORÂNEA **61**

tatuto diferente de outras "causas", como a preservação das baleias ou da floresta tropical, que no entanto remetem a objetos incapazes de expressão própria. Contudo, um grupo ambientalista não é "representante" da fauna ou da flora que deseja proteger, exceto, uma vez mais, em sentido figurado. E quando estão em jogo seres humanos, não é possível falar em representação democrática sem um processo de interlocução.

A terceira situação, que denominei *expertise engajada*, é bastante semelhante à segunda, com a diferença de que associações da sociedade civil por vezes são mais conscientes dos limites de sua atuação do que cantores de rock. Por isso, podem fazer movimentos na direção de uma interlocução com sua base pretendida. Na ausência de tais movimentos, essas associações podem ser definidas como representativas e como democráticas, mas não ao mesmo tempo. Se nós as vemos como representativas (na medida em que esses discursos incorporam as demandas potenciais de setores que não estão diretamente presentes), isso nos leva a apreciar seus déficits democráticos (a falta de interlocução entre representantes e representados). Mas se as vemos como democráticas (na medida em que a democracia exige o livre acesso ao debate público), não é por sua representatividade (pois esses discursos não se credenciam por uma troca efetiva com uma base).

A última situação é a *mobilização militante*. Nela, a representação é uma possibilidade sempre em aberto, cuja qualidade depende das trocas entre lideranças, militantes e a população representada. Essas trocas podem se esgarçar, seja por uma opção vanguardista da militância, seja por sua cooptação por esferas de poder. A exigência de autorização e *accountability*, ainda que informais, visa impedir esse esgarçamento.

Trata-se de uma relação que inclui a "terceira dimensão" da representação política, a produção dos interesses coletivos. Fazendo uma leitura arendtiana de Sheldon Wolin, Clarissa Rile Hayward argumenta que, numa sociedade marcada por desigualdades, a representação democrática nunca pode se limitar à agregação e verbalização dos interesses dados, pois eles refletem as assimetrias existentes. É necessário que se produzam novos interesses (Hayward, 2009). Mas esses novos interesses devem ser produzidos com os afetados; caso contrário, caímos num paternalismo que é incompatível com qualquer projeto emancipatório.

É nociva a indiferenciação entre democracia, representação e legitimidade, que faz que, identificada uma característica, as outras sejam assumidas sem discussão. Em particular, a ideia de que todo falante representa, por definição, um discurso "possível" acaba por esvaziar de sentido a noção de representação política. A presença dos diferentes discursos no debate público é legítima, mas a questão do quanto esses discursos são representativos e quem eles representam não se esgota nessa constatação. Ela também impede tematizar de que maneira os diferentes discursos lutam para obter representatividade, mobilizando recursos diferenciados de acordo com a posição de seus emissores, o que é um dos momentos cruciais da luta política.

É a exigência democrática de igualdade que demanda cautela com as visões de uma representação autoinstituída, estabelecida como a simples substituição dos representados nas esferas de tomada de decisão. A redução das desigualdades, necessária para o florescimento da democracia, inclui a redução da própria desigualdade política. Indispensável nas sociedades complexas, a representação é um dos principais vetores dessa desigualdade. O aperfeiçoamento – e não o esquecimento – dos mecanismos de controle dos representados sobre os representantes permanece como passo indispensável para o aperfeiçoamento da democracia.

# 3
# O REPRESENTANTE COMO PROTETOR

(Laerte)

Apesar da vigência das regras democráticas e da igualdade legal entre todos os cidadãos e cidadãs, os sistemas políticos ocidentais não apenas convivem com profundas assimetrias de recursos e de poder, mas pressupõem sua existência e participam ativamente em sua reprodução. Para os mais pobres, para os não proprietários, para os menos instruídos e para as mulheres, entre outros grupos em posição subalterna, a política é um campo bem mais inacessível do que para os integrantes dos grupos sociais privilegiados. Isto não é um "desvio" da democracia representativa atual: é uma condição de seu funcionamento.

Mas isso não quer dizer que os cidadãos comuns, pertencentes aos grupos subalternos, estão completamente isolados da política. Sua presença em geral é marginal, em contradição aguda com o autodiscurso democrático igualitário. Mas esses mesmos cidadãos podem entender seu próprio papel no sistema, o que pode gerar – e frequentemente gera – a alienação motivada pela própria impotência, mas pode levar também a formas de mobilização ou à busca de brechas e acomodações. Nesse processo, se estabelecem percepções do funcionamento da política que são decerto ingênuas e pouco sofisticadas, de um ponto de vista teórico, mas que refletem uma perspectiva própria, vinda de baixo, que merece ser levada em consideração.

Este capítulo propõe analisar uma compreensão da representação política que é assumida pelos próprios eleitores em suas expectativas relativas ao comportamento dos governantes. Tenta, assim, alcançar o ponto de vista do simples cidadão, que vê o universo do poder como algo distante e inatingível, mas que, na relação episódica que estabelece com os líderes políticos, indica aquilo que espera de sua atuação. Para tanto, vou me valer de cartas enviadas por eleitores anônimos a políticos de expressão, procurando perceber, em meio a conselhos, elogios e (sobretudo) pedidos de favores, quais são essas expectativas.

Essas "curtas viagens ao país do povo", para usar a inspirada expressão de Jacques Rancière (1990), não pretendem estabelecer uma teoria da representação política de extração popular, mas identificar um *sentimento* relativo à representação política que merece ser levado em conta. Como ironizado na tirinha de Laerte que me serve de epígrafe, é corrente julgar que o "povo", carente de sofisticação política, apenas reivindica benefícios particulares aos detentores do poder, em relação aos quais assume a posição de "clientela". Tal postura ainda é, em geral, apresentada como um indício de falta de competência cívica, uma vez que as cartilhas da boa ação política exigem que a busca por vantagens particularistas sejam deixadas de lado em favor de demandas coletivas – pela classe ou pela nação, conforme o gosto do freguês.

O *sentimento* que procuro identificar nas manifestações populares será colocado em diálogo com as correntes principais da discussão contemporânea sobre a teoria da representação política. Entre elas, de forma bastante esquemática, é possível identificar três grandes vertentes. Uma, correspondente *grosso modo* à repre-

CONSENSO E CONFLITO NA DEMOCRACIA CONTEMPORÂNEA 65

sentação "formalista" da tipologia de Pitkin (1967), centra-se nos processos de autorização e *accountability* e vê o representante em relação fiduciária com seus constituintes. É o modelo que orienta o ordenamento das democracias liberais e tem, como pressupostos normativos, a ampla possibilidade de competição política e a existência de um eleitorado capaz de identificar seus próprios interesses, de avaliar adequadamente as ofertas do mercado político e de supervisionar a ação dos seus representantes.

Outra vertente enfatiza a similaridade entre representantes e representados, vinculando-se à noção de representação "descritiva", no vocabulário de Pitkin. Isto é, o conjunto de representantes deve espelhar, em uma ou mais características consideradas cruciais, o corpo dos representados. Estigmatizada como "ingênua" pela própria Pitkin, a representação descritiva ressurge, repaginada, pelas mãos de teóricos que criticam os padrões vigentes de exclusão política, que tomam a forma da monopolização das posições de representação por integrantes de uns poucos grupos sociais (tipicamente, homens, brancos e proprietários). É a "política de presença" (Phillips, 1995), que exige que as esferas de tomada de decisão sejam franqueadas a integrantes dos grupos subalternos.

Na terceira vertente, por fim, o representante aparece como o porta-voz especializado de interesses menos ou mais difusos, como na ideia da representação como *advocacy* e suas variantes (representação virtual, por afinidade etc.). Na formulação original (e influente) de Nadia Urbinati (2000), o *advocate* ainda era o representante eleito, submetido, portanto, à autorização de seus representados. Mas o entendimento de que organizações da sociedade civil representam grupos de pessoas que de outra maneira não se fazem ouvir na esfera pública, tendo por fundamento um compromisso subjetivo e unilateral com o provimento de suas necessidades, conforma um terceiro entendimento da representação política, que prescinde tanto de autorização e *accountability* quanto de similaridade (conforme discutido no capítulo anterior).

Aqui, busco explorar o que chamo de uma concepção "popular" da representação política, alternativa às três concepções acadêmicas citadas – mas que, como pretendo demonstrar, estabelece diálogo com elas, em especial com a primeira (formalista) e a terceira (*advocacy*). Nela, o representante aparece como um *intercessor* e a relação significativa é de *proteção*. Aquele que exerce a função de representação é alguém que tem acesso a bens controlados pelo Estado (ou por particulares interessados em agradar aos detentores do poder de Estado), tais como empregos, terrenos, materiais de construção, equipamentos médicos ou a isenção de determinadas obrigações, e pode distribuí-los a quem mostra lealdade ou necessidade premente.[1]

Assim, o representante está em situação homóloga à dos santos e de outras figuras da mitologia católica, que intercedem junto a Deus e obtêm as graças desejadas pelos seus fiéis. Mas a analogia não deve ser levada demasiado longe. Ao contrário do fiel que reza ao santo (ou, então, do cossaco que suplica ao czar), há nessa relação o entendimento de que a lealdade dos representados produz o poder dos representantes – e que o gesto de benevolência com que o pedido é atendido reveste uma obrigação de proteção que é constitutiva da própria relação de representação.

Para iniciar a exploração dessa concepção de representação, trabalho com um rico material empírico, as cartas de "populares" a líderes políticos e governantes. Nelas, o remetente apresenta pedidos a quem poderia interceder pelo seu atendimento. Mas não basta pedir – não há um "direito" irrestrito aos benefícios particularistas que o representante pode obter. É necessário justificar o pedido em termos da *necessidade* do remetente, da *lealdade* demonstrada ao destinatário e da *justiça* do pleito.

As cartas são analisadas a partir da bibliografia já disponível – isto é, não há consulta primária às fontes. Com isso, limito-me a um *corpus* recortado por outros pesquisadores, com preocupações

---

1 Salvo em momentos específicos do texto, como quando discuto a teoria de Pierre Bourdieu, uso "campo político", "Estado" e "sistema político" de forma quase intercambiável, para me referir às estruturas de exercício do poder político, pouco acessíveis ao cidadão comum.

CONSENSO E CONFLITO NA DEMOCRACIA CONTEMPORÂNEA 67

diferentes das minhas. Ainda assim, o material permite vislumbrar uma imagem bastante rica e complexa dessa "compreensão popular" da política.

São exploradas as cartas encaminhadas a Getúlio Vargas e Jânio Quadros, hoje disponíveis em estudos históricos já realizados (em especial Ferreira, 1997, J. R. F. Reis, 2002, e Queler, 2008). Ambos são líderes frequentemente englobados sob o rótulo impreciso e genérico de "populistas"; no entanto, possuíam trajetórias, bases sociais e discursos diferenciados, permitindo que a correspondência destinada a eles possa ser vista não como o mero efeito de um conjunto de circunstâncias específicas, mas refletindo uma determinada concepção popular de como o representante deve agir.

Como me aventuro em terreno minado – as discussões acadêmicas sobre as figuras históricas de Getúlio Vargas e Jânio Quadros, sobre a política brasileira da época e sobre o sentido do "populismo" parecem inesgotáveis –, começo explicando aquilo que *não* pretendo discutir. Em especial, *não* tenho a ambição de dar meu palpite na discussão sobre o "pacto populista". Outros já o fizeram, com bem mais competência do que eu seria capaz.

## O que *não* estou discutindo

Evidentemente, não é possível produzir uma hermenêutica das cartas de populares aos presidentes que deixe de levar em conta a situação histórica em que foram escritas, no caso o Brasil de meados do século passado. Mas a aposta que faço é que, para além do contexto, elas sinalizam um entendimento da representação política em sociedades que, ainda que formalmente democráticas, apresentam graves obstáculos à participação política dos subalternos.

O primeiro governo Vargas (1930-1945) e a experiência democrática de 1945-1964, de onde eu retiro o *corpus* que sustenta a discussão que procuro empreender, são dos períodos mais estudados da história política do Brasil. Sistema partidário, competição eleitoral, relações civis-militares, sindicalismo, repressão política, propa-

68    LUIS FELIPE MIGUEL

ganda governamental – a literatura sobre cada um desses tópicos é vasta. Um aspecto especialmente debatido e polêmico cruza a questão que me mobiliza e é, portanto, de bom alvitre indicar que ele não será discutido aqui: o chamado "populismo" e a relação, nele estabelecida, entre as "massas" e seus líderes.

Nelson Werneck Sodré afirmou que "populismo" é "um conceito a arquivar", por se ter tornado "um instrumento da reação" (Sodré, 1997 [1990], p.145). De fato – e hoje mais ainda do que quando Sodré escreveu –, "populismo" é um rótulo usado para anatematizar qualquer política redistributiva e qualquer apelo retórico às classes populares no discurso político. Num registro mais acadêmico, o conceito serviu, muitas vezes, para contrastar a atuação política cooptada e reativa dos trabalhadores à ação consciente e classista que eles "deveriam" apresentar. Como sintetiza uma resenha crítica da literatura, seus componentes seriam "um proletariado sem consciência de classe; uma classe dirigente em crise de hegemonia; e um líder carismático" (Gomes, 2001, p.25-6). Se, nos países centrais, os operários renunciavam à transformação socialista em favor do Estado de bem-estar, levando à denúncia do gozo masoquista com a exploração, feita por Lyotard (1974), no Brasil e em outros países latino-americanos, eles se adaptavam à posição secundária no jogo político, sob as asas de líderes burgueses e em troca de vantagens materiais menores. "Pacto social-democrata" e "pacto populista", cada um a seu modo, frustravam as esperanças revolucionárias de intelectuais de esquerda. Contra esta visão – que corresponde, de forma simplificada, àquela presente nos estudos hoje "clássicos" de Ianni (1968) e Weffort (1978), para citar apenas dois autores centrais, e atualizada por Chaui (1994) e Saes (1994), entre outros –, parte da historiografia mais recente vai contestar a visão de uma massa trabalhadora passiva e manipulada, incapaz de refletir de maneira crítica sobre o discurso governamental. Na esteira de historiadores como E. P. Thompson, Roger Chartier e Robert Darnton, considera-se que é necessário prestar atenção ao autoentendimento das classes populares, em vez de simplesmente descartá-lo como "falsa consciência", e observar como os discursos

CONSENSO E CONFLITO NA DEMOCRACIA CONTEMPORÂNEA   69

dominantes são apropriados de diferentes formas, reelaborados e ressignificados. Sem querer "fazer do homem da rua um filósofo", como diz Darnton, não se pode negar sua inteligência e engenho em "se virar" num ambiente complexo, em transformação e no qual ele se encontra em posição de desvantagem (Darnton, 1984, p.3-4).

Um momento importante desta releitura da história brasileira recente é a pesquisa de Angela de Castro Gomes (1994 [1988]). A simples sobreposição dos dois momentos em estudo – as primeiras manifestações políticas da classe trabalhadora no Brasil, ainda na República Velha, e a construção da liderança de Vargas a partir de 1930 – revela que, na sua visão, não é possível sustentar que a base popular do trabalhismo (termo que ela prefere a "populismo", por ser mais específico e menos enviesado) era mero fruto da manipulação e de sua correlata nas análises predominantes, a repressão às manifestações "autênticas" do interesse de classe. A classe trabalhadora aparece, então, como sujeito coletivo, não mero objeto da cooptação de líderes burgueses. Em particular, na esteira de Thompson, que é a principal referência da breve introdução teórica à pesquisa, a formação da classe é entendida como um processo em aberto, sem que se possa denunciar a experiência dos anos 1930 a 1950 ou 1960 como um "desvio" em relação a um modelo predeterminado.

Ainda que eu possa manifestar simpatia por essa abordagem,[2] o que me mobiliza é outro tipo de questão. Não está em foco a formação da classe operária brasileira ou os modos de sua emergência como ator político coletivo. Meu problema é como cidadãos comuns, desprovidos de capital político, se relacionam com um sistema político que é pouco permeável às suas demandas e, em particular, com aqueles que são ou procuram ser seus representantes formais. O foco é a ação individual, levando em conta o que James Scott observa: que raras vezes as classes subordinadas podem "se dar ao luxo de uma atividade política aberta e organizada" (Scott,

---

2 Não cabe aqui fazer uma discussão completa (e complexa) dos eventuais problemas da abordagem de Gomes, tal como a pouca articulação entre a repressão política estadonovista e a edificação do trabalhismo (cf. Paranhos, 1999).

1985, p.xv). Em geral, precisam "dar um jeito" com estratégias individuais, acomodatícias e que, ao menos ostensivamente, não desafiam a ordem dominante.

Scott está preocupado com formas de "resistência cotidiana", uma ação individual, encoberta e desorganizada em oposição ao *status quo* – que contrasta com a ação aberta, contestatória e mesmo revolucionária, raras vezes efetivada por ser "perigosa, quando não suicida" (Scott, 1985, p.xv). Dificilmente o ato de escrever uma carta pedindo um favor a um líder político pode ser visto como uma modalidade de resistência. O que me leva a invocar Scott é o entendimento de que os integrantes dos grupos subalternos vão buscar brechas nas "regras do jogo" que lhes permitam avançar na satisfação de necessidades individuais, sem que isso implique uma ruptura potencialmente perigosa e, também, sem que negue dimensões paralelas de construção de identidades coletivas.

O pano de fundo, assim, é o reconhecimento da profunda impermeabilidade da política aos cidadãos comuns. O conceito de "campo político", tal como apresentado por Pierre Bourdieu, ajuda a compor o quadro. A despeito da ordem democrática, que proclama direitos políticos iguais a todos, a estrutura do campo político concentra a capacidade de agir politicamente em uns poucos e condena a maioria (os "profanos", desprovidos de capital político) ao silêncio. Aquilo que, na literatura sobre o Brasil ou a América Latina, aparece como característica distintiva do "populismo" é, na leitura de Bourdieu, comum aos regimes formalmente democráticos assentados sobre sociedades desiguais:

> O porta-voz se apropria não apenas da palavra do grupo dos profanos, quer dizer, na maior parte do tempo, do seu silêncio, mas também da força mesma desse grupo, que ele ajuda a produzir ao lhe emprestar uma palavra reconhecida como legítima no campo político. (Bourdieu, 1981, p.13)

Cabe observar que, nos regimes de democracia eleitoral, por mais que o campo político anseie se fechar em si mesmo, como é

CONSENSO E CONFLITO NA DEMOCRACIA CONTEMPORÂNEA 71

próprio da lógica dos diversos campos sociais, é obrigado a se abrir periodicamente para os "profanos". Capital eleitoral não equivale a capital político – ser um campeão de votos não significa ser um parlamentar influente, como demonstram tantos esportistas ou estrelas do *show bussiness* que se elegeram deputados e tiveram mandatos apagados. Mas como o voto é um recurso-chave para o acesso a determinados cargos, os eleitores comuns guardam uma reserva de poder e são capazes de, eventualmente, "desorganizar" o jogo das elites políticas, introduzindo incertezas, revertendo hierarquias, embaralhando resultados. Barreiras institucionais ou informais, como as redes de clientela, tentam minorar essa incerteza que, no entanto, nunca é eliminada por completo.[3]

Meu foco, então, é este: os cidadãos comuns que são mantidos fora do campo político – "reduzidos ao estatuto de 'consumidores'", como diz Bourdieu, e escolhendo "com probabilidades de mal-entendido tanto maiores quanto mais estão afastados do lugar de produção" (Bourdieu, 1981, p.4) – mas que buscam contato com seus representantes. Suas demandas são marcadas por uma posição de inferioridade em relação ao líder, mas também pelo conhecimento de que a liderança é um produto da confiança do liderado.

Fica claro que interpreto tal relação em chave oposta àquela baseada na noção weberiana do "carisma" – outro debate complexo, no qual *não* vou entrar. De acordo com a noção original de Max Weber (e antes de que ele introduza a ideia contraditória da "reinterpretação democrática do carisma"), o reconhecimento dos dominados "(em caso de carisma genuíno) não é a *razão* da legitimidade; constitui, antes, um dever das pessoas chamadas a reconhecer essa qualidade, em virtude de vocação e provas" (Weber, 1991 [1921], p.159). Ler dessa maneira a relação entre líderes e liderados é eliminar da discussão toda a complexidade dos compromissos tácitos ou expressos que os ligam.

---

3 Em outros regimes, a aquiescência dos dominados também é condição necessária para a estabilidade da dominação, mas tal relação não é desvelada e formalizada como ocorre quando o voto funda a legitimidade.

72   LUIS FELIPE MIGUEL

Por outro lado, conforme observou certa vez Régis Debray, a história não registra nenhum traço do carisma "incomparável" do padre Karol Wojtyla em Cracóvia, do bibliotecário Mao Tsé-Tung em Pequim, do estudante georgiano Josef Djugashvilli, do coronel Charles de Gaulle (Debray, 1981, p.215). Podemos acrescentar à lista o ministro da Fazenda do governo Washington Luís, Getúlio Vargas, ou o professor secundário Jânio Quadros, que em 1947 não conseguia votos suficientes para se eleger vereador (Chaia, 1991, p.19).

Debray conclui que o carisma "não é uma miragem, mas um espelho", sendo precedido pela "formação de seu grupo de referência específico" (Debray, 1981, p.215). De maneira talvez mais chã, prefiro entender que o chamado "carisma", lido como um atributo natural de indivíduos excepcionais, é o fruto de uma relação construída com os liderados e que todo o fenômeno só é compreendido à luz da situação específica que propicia a adesão, com foco nos mecanismos de formação de imagem pública. Mas, repito, esta *não* é uma questão que seja contemplada aqui.

## Escrever ao presidente

O livro *Trabalhadores do Brasil*, de Jorge Ferreira, lida com as cartas endereçadas ao presidente da República ao longo do primeiro governo Vargas (1930-1945). A correspondência está armazenada no Arquivo Nacional, no Fundo Secretaria da Presidência da República. Para os anos de 1930 a 1945, há exatamente 800 caixas ou latas de documentos – nem todos relativos a Vargas, uma vez que 1930 inclui o final do governo de Washington Luís e nos últimos meses de 1945 Vargas já estava deposto. A partir dos dados fornecidos pelo autor, é possível calcular um total de 80 mil a 160 mil documentos no período (Ferreira, 1997, p.72-3). Nem todos são cartas ou telegramas, já que o arquivo inclui também os processos administrativos gerados a partir da correspondência. E o período inclui tanto os anos imediatamente posteriores à Revolução de

CONSENSO E CONFLITO NA DEMOCRACIA CONTEMPORÂNEA    **73**

1930, quando o país parecia se encaminhar para alguma forma de ordenamento liberal-democrático, quanto o Estado Novo.

Uma estimativa mais rigorosa pode ser feita a partir da tese de José Roberto Franco Reis, *Não existem mais intermediários entre o governo e o povo*, apresentada à Unicamp, que trabalhou com um recorte temático de cartas enviadas a Vargas entre 1938 e 1945, também consultadas no Arquivo Nacional. Dentro de cada tema, foi analisada uma amostra. No caso da série sobre "pessoal civil", foram estudadas seis latas, num total de 959 correspondências. Delas, 531 (53%) foram enviadas por "pessoas que não tinham relação de proximidade com Vargas, seja de amizade ou política ou de subordinação administrativa [nos escalões superiores da burocracia federal]" (Reis, 2002, p.17). São as cartas dos cidadãos comuns. Ao se extrapolar o padrão dessa amostra para todo o arquivo, o que não é necessariamente adequado, chega-se a cerca de 70 mil correspondências de populares que teriam sido dirigidas ao presidente da República ao longo dos 15 anos do primeiro governo Vargas.

No caso da tese de Jefferson José Queler, apresentada também à Unicamp, foram consultadas as cartas enviadas a Jânio Quadros na condição de candidato e de presidente eleito, mas não empossado. As 5.345 cartas, enviadas entre 1959 e janeiro de 1961, foram consultadas no arquivo pessoal de seu ex-secretário particular no período, José Aparecido de Oliveira (Queler, 2008, p.17).

O livro de Jorge Ferreira cita 55 diferentes cartas enviadas a Getúlio Vargas, das quais 44 foram consideradas pertinentes à discussão feita nesse artigo, por esboçarem, mesmo que de forma sutil, uma compreensão da relação entre representantes e representados. Do total de cartas, 40 eram assinadas por homens, 10 por mulheres, 4 por representantes sindicais – que, portanto, falavam não em nome próprio, mas por uma categoria – e 1 por um grupo de missivistas. Esses números servem apenas para descrever o *corpus* com o qual tomei contato, não sendo possível generalizar a proporção de cartas "relevantes" ou de remetentes por sexo para a totalidade da correspondência enviada a Vargas, uma vez que houve uma seleção primária, de Jorge Ferreira, orientada por critérios próprios e sem

74 LUIS FELIPE MIGUEL

preocupação amostral. A mesma ressalva vale para as outras fontes que utilizei.

Na tese de José Roberto Franco Reis, são citadas, em parte ou na íntegra, 129 cartas destinadas a Getúlio Vargas, assinadas por 127 diferentes remetentes, das quais 108 foram julgadas pertinentes. No total, 84 missivistas são do sexo masculino, 25 são mulheres, 13 são organizações sindicais ou seus representantes e 5 são grupos de pessoas. Já na tese de Jefferson Queler, são reproduzidos trechos, muitas vezes bastante extensos, de 160 cartas a Jânio Quadros, de 158 diferentes missivistas. Foram consideradas pertinentes 115 cartas. Separados por sexo, os missivistas são 117 homens e 37 mulheres; as cartas restantes estão assinadas em grupo, por seções locais do movimento de apoiadores de Jânio Quadros e por um representante político eleito (que fala de posição diferente e em nome de seus constituintes, portanto foi retirado do grupo geral de remetentes do sexo masculino).

Como se vê, o material empírico com que trabalho é bastante heteróclito – a correspondência endereçada a um presidente que chegara ao poder de forma não eleitoral, a um candidato ainda não eleito e ao mesmo candidato, eleito mas não empossado.[4] E ele me chega filtrado pela seleção dos autores das pesquisas com as fontes primárias.

O volume de cartas impressiona, mas ainda assim corresponde a uma pequena parcela da população.[5] São mais de 5 mil cartas enviadas a Jânio Quadros, é verdade – mas nas eleições presidenciais ele

---

4 Uma quarta fonte é a tese de Vanderlei Vazelesk Ribeiro (2006), que, num de seus capítulos, analisa cartas exclusivamente de camponeses, enviadas a Vargas (tanto no primeiro quanto no segundo governos), comparando-as com correspondências enviadas a Perón. A tese reproduz trechos de 18 cartas de trabalhadores rurais endereçadas a Vargas (entre os quais há apenas uma mulher), todas relacionadas a conflitos agrários ou a pedidos por terra.

5 Os brasileiros continuam escrevendo ao presidente. Entre sua posse, em janeiro de 2003, e outubro de 2009, já no meio do segundo mandato, Lula havia recebido nada menos que 550 mil mensagens, entre cartas e e-mails (Pires, 2009, p.59).

CONSENSO E CONFLITO NA DEMOCRACIA CONTEMPORÂNEA **75**

obteve 5,6 milhões de votos. As 70 mil ou 100 mil correspondências de populares a Vargas ao longo de seu primeiro governo partem de um país que, em 1930, já contava com mais de 37 milhões de habitantes. E não é possível pressupor que os remetentes das cartas correspondem a uma amostragem fidedigna da população em geral. Não se trata apenas de verificar, eventualmente, que eles se concentram em determinados grupos profissionais, regiões do país ou faixas de escolaridade. Ou que homens aparentemente escrevem mais do que mulheres. Ou mesmo que dificilmente integram os setores militantes que visam uma atuação política autônoma de classe, que "tenderão a buscar outros caminhos de manifestação" (Reis, 2002, p.7).

Ainda antes de tais considerações, cumpre lembrar que a pessoa que se dispõe a ocupar uma parte de seu tempo escrevendo ao chefe da nação, na esperança de que isto surta algum efeito, só por isso já se destaca de seus concidadãos, mais passivos (e talvez mais realistas), que se abstêm dessa prática. Dito de outra forma, não é possível postular que as cartas aos líderes políticos revelariam *a* sensibilidade popular relativa à representação política e aos nexos que ligam governantes e governados. Mas, ao menos, elas revelam *uma* sensibilidade popular sobre tais temas.

É necessário, também, ler com cuidado o tom das cartas. No primeiro exemplo apresentado por Jorge Ferreira, o baiano Eduardo do Sacramento escreve em 1937 ao presidente Vargas para pedir um emprego. Após exaltar o "espírito inteligente" do chefe da nação, o remetente afirma que não agradece o eventual acolhimento do pedido "porque as minhas palavras seriam inexpressivas para tão elevado grau de gratidão" (apud Ferreira, 1997, p.21).[6] Tais marcas de deferência ou mesmo de subserviência são moeda corrente nas cartas. A partir dos exemplos disponibilizados no material com que lido, é possível dizer que são uma característica central de estilo dessa correspondência.

---

6 Aqui, como em todas as transcrições de cartas de populares, atualizei e corrigi sintaxe e ortografia.

No entanto, esse tom não deve ser tomado ao pé da letra. Afinal, "um homem que se acha, por força, na posição de solicitar favores não revelará o que realmente pensa" (Thompson, 1998 [1991], p.38). A simples dicotomia entre um oculto pensamento autêntico e a manifestação hipócrita, porém, não permite acesso à complexidade da relação entre o discurso ao poderoso, o juízo sobre o mundo e a ação deliberada em busca de benefício.

É mais útil recorrer à distinção, elaborada por James Scott, entre *"hidden transcripts"* e *"public transcripts"*, entre o comportamento que se adota longe dos olhos ou, ao contrário, diante dos poderosos. Os dominados possuem fortes incentivos para adotar um discurso público de aceitação das hierarquias estabelecidas, ainda que ele não corresponda às suas convicções íntimas – ou, melhor, que não corresponda à totalidade dessas convicções, pois a raiva e a deferência (do dominado diante do dominante) não são, necessariamente, uma falsa e outra verdadeira (Scott, 1990, p.9). Opostamente, as circunstâncias em que se expressam os *"hidden transcripts"* favorecem um pouco-caso em relação às hierarquias que não é necessariamente genuíno (ou, dito melhor, que não transpareceria necessariamente na ausência de tais circunstâncias).

Salvo em momentos especiais, os encontros entre dominantes e dominados revelam seus discursos públicos. A carta ao líder, ainda que seja privada, é um desses encontros, e seu registro corresponde ao padrão esperado de aquiescência à hierarquia. Ao mesmo tempo, ele usa em seu favor o discurso público do dominante – com suas pretensões de benevolência, de sensibilidade ao mais fraco ou de justiça.

Por vezes, surge um registro destoante. O pernambucano Antonio Moreira da Costa Lima escreveu a Vargas, em 1938:

> Sou cumpridor dos meus deveres, honestíssimo, honradíssimo em todos os sentidos. Não havendo meios de eu conseguir ser melhorado, assim imploro a V. Exa. a execução da pena de morte para mim e minha família, porque vejo ser o único meio de conseguir a minha melhora. (apud Ferreira, 1997, p.44)

CONSENSO E CONFLITO NA DEMOCRACIA CONTEMPORÂNEA **77**

Mas o recurso ao sarcasmo indica tanto uma atitude próxima ao confronto quanto ausência de esperança de atendimento, algo que é talvez arriscado e, no mínimo, vão. Ao menos nas cartas transcritas pelos historiadores, mas muito provavelmente de maneira geral, a motivação dos remetentes é outra: a expectativa de que haja um canal possível de interlocução efetiva com o líder.

O que acrescenta um grão de sal às cartas é o conselho ou o pedido que com frequência estão inseridos nelas – um pedido que, quase sempre, funde apelos à magnanimidade do líder e reivindicações de justiça.[7] Em si mesmos, eles desafiam a relação dicotômica entre um governante dotado de competência específica e governados cuja função é, quando muito, escolher o governante. A expressão mais acabada dessa visão aparece em Schumpeter, para quem quaisquer iniciativas destinadas a influenciar a ação dos mandatários – tais como preparar abaixo-assinados ou enviar cartas aos representantes – são ilegítimas. Como observou um comentarista, é uma visão de "democracia" inspirada nos cartazes pregados nos ônibus: "Não fale com o motorista enquanto o veículo estiver em movimento" (Catephores, 1994, p.15). Os cidadãos que escrevem aos líderes políticos desafiam tal advertência.

## Intermediação e proteção

São variadas as motivações que podem levar alguém a escrever para um líder político, a crer no material reproduzido nas fontes

---

7 Seria possível quantificar e dizer que cerca de 85% das cartas que compuseram o *corpus* – aquelas retiradas das obras que servem de fontes e consideradas pertinentes à discussão deste artigo – trazem um conselho ou um pedido ao líder, quando não ambos, sem que haja distinção relevante entre as endereçadas a Vargas e aquelas a Quadros. No entanto, a quantificação induziria a erro, fazendo crer que posso generalizar com mais exatidão do que o material (selecionado por outros e, em geral, por eles reproduzido apenas em parte) permite. Por isso, prefiro usar expressões mais vagas, mas que, paradoxalmente, aqui servem com mais precisão ao texto: "em geral", "muitas vezes" etc.

78   LUIS FELIPE MIGUEL

consultadas. Há quem deseje apenas declarar sua admiração pelo destinatário ou exercer seu talento compondo poemas laudatórios. Outras cartas tomam a forma de recomendações sobre políticas a serem adotadas ou de protestos. Há uma quantidade significativa do que se poderia chamar de *demandas pessoais por medidas de interesse coletivo* – cartas que usam o testemunho de um drama individual para clamar por ações como a redução dos preços dos gêneros alimentícios ou reformas na legislação trabalhista. Mas a maior parte das cartas apresenta pedidos.

O pedido, observa uma autora que analisou cartas endereçadas a um deputado, "é colocado como fazendo parte de um sistema de relações de reciprocidade [...] no qual a relação supõe um intercâmbio de favores e objetos entre as partes envolvidas" (Heredia, 2002, p.25). Ainda que essa caracterização concorra para a compreensão das motivações e estratégias dos remetentes, ela não a esgota. Os eleitores mobilizam uma variedade de argumentos em suas cartas, fazendo que, mais do que uma barganha, o pedido apareça revestido de um imperativo moral.

A natureza do *corpus* consultado ajuda a entender por que, nas cartas analisadas por mim, formas expressas de barganha são relativamente infrequentes. Elas aparecem, por vezes, em cartas endereçadas a Jânio Quadros, ainda durante a campanha à presidência:

> A minha família, meus parentes, são 26 votos [...]. O único benefício que posso fazer [a] V. Exª como pobre são os meus votos. [...] Agora quero pedir a V. Exa. um grande favor que acho que está no seu alcance, que sou pai de treze filhos e tem 10 alqueires de terra para cultivar na enxada, não é grande a produção. [...] Se tiver na consciência que o Sr. me garantia um trator para eu comprar e ir pagando de acordo com a minha possibilidade, pode ser pequeno, o tamanho que V. Exa. achar que sou merecedor. (Odilon Amorim, do Paraná, carta a Jânio Quadros em 1960, apud Queler, 2008, p.217-8)

Como as cartas a Vargas são de períodos em que ele estava exercendo a presidência, a possibilidade da barganha com o voto é

CONSENSO E CONFLITO NA DEMOCRACIA CONTEMPORÂNEA 79

menor. Ou seja: a barganha é uma estratégia possível na relação do eleitor com o candidato. Na relação do governado com o governante, outras formas de conexão são mobilizadas.

De maneira esquemática, é possível estabelecer três tipos principais de argumentos que sustentam as demandas: necessidade, lealdade e justiça. O argumento de necessidade é quase onipresente; os outros tipos estão, quase sempre, combinados a ele. A pobreza, agravada pela doença ou por uma família numerosa, é invocada, por vezes com arroubos retóricos:

A negra miséria ergue aduncas garras sobre meu pobre lar. (Virgílio G. da Silva, de Minas Gerais, carta a Getúlio Vargas em 1937, apud Ferreira, 1997, p.31)

Estou carregada de filhos pequenos, tenho 29 filhos, perdi 11 filhos naquela Revolução de 1930, ainda tenho 18 filhos vivos, mas são pequenos e tenho 2 pequenos que estou criando, não têm pai nem mãe, eu me acho desamparada, não posso pagar aluguel e casa porque o marido é muito doente e de idade e ninguém quer dar trabalho a ele. (Carolina R. Bastos, do Rio de Janeiro, carta a Getúlio Vargas em 1940, apud Ferreira, 1997, p.80)

A fome e a nudez estão na minha porta como um homem armado. (Hermelina Pereira Ramos, da Bahia, carta a Getúlio Vargas nos anos 1950, apud Ribeiro, 2006, [p.199])

O meu marido [...] foi ferido na Revolução de 34 e na de 30 também e na de 32 ficou todo machucado, derramou seu sangue para servir à pátria, aí foi jogado inválido com muito pouco ordenado. [...] Eu peço-lhe um favor e uma caridade, o senhor é tão rico, deputado, e eu tão pobre [e] necessitada. (Maria Tereza de Jesus, de São Paulo, carta a Jânio Quadros em 1960, apud Queler, 2008, p.226)

Mas, ao lado de aposentadorias e pensões, empregos, máquinas de costura, terrenos, tratores e medicamentos, aparecem também pedidos de instrumentos musicais ou cursos de cinema. A necessidade mobilizada para justificar a solicitação pode ser subjetiva:

"Apesar de humilde, tenho grande vontade de aprender a tocar acordeom" (Maria do Socorro Vieira, do Piauí, carta a Jânio Quadros em 1960, apud Queler, 2008, p.228).

É possível pedir ao líder porque ele assume a posição de *protetor* – tema que muitas cartas desenvolvem expressamente. Assim, tendo sido beneficiada por Vargas uma vez, a remetente apresenta novo pleito afirmando ter "o direito de proclamar por experiência própria que temos no Brasil um grande homem, a quem podemos recorrer nos momento críticos" (carta de autora não nomeada a Getúlio Vargas, posterior a 1938, apud J. R. F. Reis, 2002, p.22). Outra dirige-se não diretamente a Jânio Quadros, mas a Dirce, "filha de nosso querido protetor" (Guilhermina da Rocha Freitas, do Piauí, carta a Dirce Quadros, em 1960, apud Queler, 2008, p.179). Os exemplos seriam inúmeros.

Esse protetor é um *intercessor*. Ele protege fornecendo diretamente bens que são solicitados, mas sobretudo na medida em que faz sua influência ou sua autoridade agir sobre órgãos do poder executivo, sobre o poder judiciário ou mesmo junto a empresas privadas. Uma palavra do líder pode garantir a nomeação num concurso público, a vitória num recurso judicial, a obtenção de uma aposentadoria, mesmo que ao arrepio de regras estabelecidas:

> A fim de obter a nomeação de auxiliar na Diretoria Regional dos Correios e Telégrafos de Diamantina já me submeti com sacrifícios inauditos a dois concursos, bastando dizer que estudava com as criancinhas a chorarem em redor de mim. [...] Venho pedir a V. Exa. por caridade fazer a minha nomeação para uma das vagas. Tenho concurso, sou agente postal há 11 anos e mãe de numerosa família, devo ter alguma preferência. (Amerida de Mattos Diniz, de Minas Gerais, carta a Getúlio Vargas em 1938, apud Ferreira, 1997, p.26-7)

Ao lado da necessidade, o remetente pode se credenciar por sua *lealdade*, de preferência exibida em momentos em que era desvan-

CONSENSO E CONFLITO NA DEMOCRACIA CONTEMPORÂNEA 81

tajosa. Assim, avultam relatos de perseguições patrocinadas por adversários políticos do destinatário ou, quando era o caso, lembranças de engajamento revolucionário:

Peço vênia vir [...] como pequeno servidor da República Nova, pedindo o amparo e a valiosa interferência na minha justa pretensão, que é minha promoção ao cargo de porteiro da Delegacia Fiscal de São Paulo. Quando servente na mesma Delegacia era perseguido, marquei passos sem nunca ter sido promovido, pois tinha o meu obscuro nome na lista do ex-Partido Republicano Paulista, por pertencer e cooperar como fiscal do PARTIDO DEMOCRÁTICO em diversos pleitos eleitorais. (José Antonio B. Filho, de São Paulo, carta a Getúlio Vargas em 1931, apud Ferreira, 1997, p.38; ênfase no original)

O abaixo-assinado [é] natural do estado de Pernambuco, onde também possui a sua família, da qual se separou em 1929, quando do início da campanha eleitoral [em] prol [de] V. Exa. e [d]o meu saudoso chefe e amigo, dr. João Pessoa, vitimado quase que inesperadamente. E desta data em diante jurei não abandonar as reivindicações do querido chefe, levando sempre de vencida, até que surgiu a revolução salvadora de 1930, [com] a qual não deixei de colaborar até o seu triunfo. (Manoel Bandeira Filho, do Rio de Janeiro, carta a Getúlio Vargas em 1940, apud J. R. F. Reis, 2002, p.131)

Como os patrões do meu pai eram adeptos da candidatura Júlio Prestes, depois da vitória da Revolução começaram a perseguir meu pai, a ponto de despedi-lo do lugar de viajante, com dez anos de serviço, sem que a Justiça do Trabalho amparasse meu pai. (Iracema Castro Salles Abreu, carta a Getúlio Vargas em 1939, apud J. R. F. Reis, 2002, p.261)

Conquistando a confiança da maioria de colonos daqui, fiz reconhecer que para melhorar suas vidas econômicas e sociais devem votar no "homem da vassoura". [...]

Desde a mais tenra infância demonstrei o meu gosto e talento para o cinema. Desejaria ingressar numa escola preparatória e depois viver do cinema e para o cinema. [...] Por isso, faço-lhe o meu apelo, para que me dê proteção, pois tenho vontade, mas não tenho o necessário. Mas, se V. Exa. achar que não é possível, o povo floridense não deixará de votar no "homem da vassoura". (Edison Lessa Goulart, do Paraná, carta a Jânio Quadros em 1960, apud Queler, 2008, p.227-8)

Merece atenção a longa carta de Bolívar de Mattos Telles, sergipano e morador do Rio de Janeiro, enviada a Vargas em 1938. Ele narra seu engajamento revolucionário desde 1924 quando, com apenas 14 anos de idade, aderira à sublevação. Após a Revolução de 1930, sentiu-se prejudicado, enquanto outros, com duvidosa lealdade à causa, eram premiados:

No momento em que pseudorrevolucionários (alguns deles seriam capazes de fuzilar os aliancistas um mês antes da vitória de 1930) eram nomeados para bons lugares, o antigo menino de 14 anos, que fugira de casa para combater pelo regime novo e que, já homem, aqui se arriscou a todos os perigos no governo Washington Luís [...] mereceu do correligionário sr. Bergamini a dispensa sumária. (apud J. R. F. Reis, 2002, p.123; ênfases retiradas)

Credenciado por seu passado, Telles apresenta sua demanda:

Não sou hoje candidato ao regresso à velha função da prefeitura.

Desejo compensar o tempo perdido com uma colocação um pouquinho melhor.

Pretendo de V. Exa. a nomeação para o lugar de Fiscal da Capitalização e Seguros, no Ministério do Trabalho.

Sei que existem vagas em diversos estados. Posso, porém, positivar uma, que é certa: a do estado do Pará.

Não estou escolhendo lugares, Sr. presidente. Vou para qualquer estado para onde seja mandado. Apenas estimaria ir localizar-me em ponto não paludoso. Afora essa exceção, o território nacional é vasto e não tenho preferência. (apud J. R. F. Reis, 2002, p.123; ênfases retiradas)

CONSENSO E CONFLITO NA DEMOCRACIA CONTEMPORÂNEA    83

O tom imperativo – que, no entanto, se combina com demonstrações de deferência ("Solicito o amparo de V. Exa., o único com que conto") – singulariza a carta. A lealdade à revolução gera direitos a serem *exigidos* do governante. Com mais jogo de cintura, a maior parte das cartas evita tal tom. O pedido é apresentado de forma a tornar onerosa uma eventual recusa, mobilizando elementos do próprio discurso oficial do destinatário e apelando a sentimentos de bondade, sinceridade e justiça; mas, ao mesmo tempo, sublinha a generosidade do concedente e a gratidão do beneficiário.

O lado reverso da ostentação de lealdade é a acusação de deslealdade desferida a seus opositores. O agricultor expulso das terras apresenta argumentos de necessidade, como a esposa que perdera a razão e que lhe inspirava cuidados que o impediam de trabalhar, mas acrescenta que o fazendeiro contra quem reclamava era "um udenista forte e trabalhou muito para o brigadeiro" Eduardo Gomes, adversário de Vargas na eleição presidencial (Joaquim Borges de Lima, de Minas Gerais, carta a Getúlio Vargas em 1951, apud Ribeiro, 2006, [p.180]).

Mas, ao menos nas cartas reproduzidas nas fontes consultadas, os argumentos de lealdade estão menos presentes do que os argumentos de *justiça*. Proteção e justiça não são antagônicos, como observa uma missivista; antes, a proteção é o instrumento necessário para a obtenção da justiça:

> Permita V. Exa. que uma pobre e humilde funcionária postal suba diretamente à presença de V. Exa. para solicitar sua decisiva proteção para um ato que é também de justiça. (Amerida de Mattos Diniz, de Minas Gerais, carta a Getúlio Vargas em 1938, apud Ferreira, 1997, p.26)

Não há nada de surpreendente na invocação da justiça ou da moralidade pública para sustentar a busca por ganhos privados. Essa combinação é, na verdade, corrente nos embates políticos. O que singulariza a dicção popular presente nas cartas estudadas

84  LUIS FELIPE MIGUEL

é a desnudez com que ela se apresenta. Os benefícios particulares não se travestem em bem comum, não sinalizam vínculo com uma vantagem coletiva. O emprego que se deseja não é justificado em termos de um melhor serviço ao público, a terra que se solicita não se destina a aumentar a produção local: o caráter estritamente privado da vantagem a ser obtida não é escamoteado, o que não impede que seja reivindicado por um discurso que faz apelo a valores gerais.

O apelo ao líder pode ser o meio de assegurar direitos, num raciocínio que rompe com a lógica que opõe a figura do "direito" à intermediação pessoal. O protetor "é ao mesmo tempo concebido como distribuidor de favores e assegurador de direitos prescritos pela lei, sem que haja contradição entre esses elementos" (Queler, 2008, p.234). A referência é a Jânio Quadros, mas vale igualmente para Getúlio Vargas:

> Com a nova era de justiça e equidade implantada por V. Exa. com o advento do Estado Novo, todos os brasileiros, no uso de seus direitos legítimos, podem e devem dirigir-se às altas autoridades do país, reivindicando os direitos que lhe são assegurados. (Percilio P. Bandeira, do Rio Grande do Sul, carta a Getúlio Vargas em 1938, apud Ferreira, 1997, p.40)

Quando o remetente solicita a promoção para a irmã, destacando que é "um caso de justiça, visto tratar-se de uma servidora que há longos anos vem prestando sua colaboração para o progresso dessa autarquia e foi sempre esquecida" (José de Barros Leite, do Paraná, carta a Jânio Quadros em 1959, apud Queler, 2008, p.225), fica claro que a proteção aparece como meio de obter justiça. Nesse sentido, há uma oposição ao discurso fundado na lealdade (o que, evidentemente, não impede que os dois sejam combinados). Bolívar de Mattos Telles, cuja carta foi citada acima, desejava uma nomeação por ter combatido pela revolução. Já aqui o argumento é o mérito da irmã no cumprimento de suas funções – mérito que, no entanto, precisa da intervenção do protetor para ser reconhecido.

CONSENSO E CONFLITO NA DEMOCRACIA CONTEMPORÂNEA 85

O líder é justo, e muitas cartas destacam tal qualidade.[8] Mas justo deve ser também o pedido apresentado. Numa carta de especial interesse, a justeza da demanda aparece como veículo que permite acesso não a um direito líquido e certo, mas à sensibilidade do governante:

> Por isso eu imploro a V. Exa. que atenda o pedido que lhe vou fazer, como chefe da nação, como Pai dos Brasileiros, pois eu me considero sua filha e um pai não deve negar nunca um *pedido justo* que lhe faz uma filha num dos momentos mais angustiantes de sua vida. (Dinorah F. Wrangler, do Rio de Janeiro, carta a Getúlio Vargas em 1938, apud Ferreira, 1997, p.53; ênfase acrescentada)

Uma parcela significativa das cartas gira em torno de problemas com o poder judiciário, que se mostraria inoperante para garantir direitos, fosse pela morosidade, fosse pela vulnerabilidade à pressão dos poderosos, fosse ainda pela incapacidade de assegurar a efetivação das reparações obtidas. Como explica de forma lapidar um missivista, "sou pobre, preciso dar sustento à minha família e *não é justo que até a Justiça me seja contra*" (Maximino de Souza Oliveira, do Paraná, carta a Jânio Quadros em 1960, apud Queler, 2008, p.237; ênfase acrescentada). O apelo ao protetor, então, aparece como remédio à baixa performance das instituições:

> Então calei-me, porque vi que a consciência dos homens desta terra é muda aos gritos dos humildes.
>
> Mas por felicidade nossa, dos pobres, disseram-me que havia ainda um recurso e que eu recorresse a ele. Perguntei qual e falaram-me que eu escrevesse ao presidente Getúlio Vargas expondo a minha situação e esperasse a resposta. (José Amaro Rodrigues, de

---

8 Além de justo, deve ser compassivo. Com variações, a fórmula "espírito justiceiro e coração bondoso" (Ignacio Uchôa de Albuquerque Sarmento, de Pernambuco, carta a Getúlio Vargas em 1938, apud J. R. F. Reis, 2002, p.78) reaparece em muitas cartas. Trata-se de elemento presente na imagem que a propaganda oficial buscava produzir (cf. Gomes, 1998, p.527-9).

Minas Gerais, carta a Getúlio Vargas em 1943, apud J. R. F. Reis, 2002, p.281)

A presença, tão central, de tais apelos por justiça faz surgir um contraste com outros tipos de manifestação dirigida a poderosos. Nas "cartas de remissão" francesas do século XVI, estudadas por Natalie Zemon Davis (2001 [1987]), condenados à morte suplicavam pelo perdão real. As cartas apresentam argumentos que fundamentariam a benevolência do monarca. Mas, via de regra, eles invocam o bom comportamento anterior do condenado ou mesmo circunstâncias atenuantes do crime, cometido numa explosão de raiva ou em estado de embriaguez; não é mobilizada uma concepção abstrata de justiça que, como tal, se imporia como um dever do próprio governante.

## O povo e o representante

O material exposto aqui é, a um só tempo, resumido e heteróclito, o que dificulta a ambição de extrair dele a prometida compreensão popular da representação política. São cartas dirigidas a apenas dois líderes políticos, Getúlio Vargas e Jânio Quadros. Mas há aí um presidente que chegara ao poder pelo voto (o Vargas do segundo governo), um candidato, depois presidente eleito mas não empossado (Quadros), e um governante que se impusera por um movimento armado e posteriormente, por meio de um golpe, tornara-se ditador (o Vargas do primeiro governo). Ou seja, há situações em que a autorização formal do povo é condição para o exercício da liderança política e situações em que tal autorização está ausente, o que se reflete na apreciação da relação entre líder e liderados e, em especial, na relação de representação.[9]

---

9 É possível questionar, ainda, se hoje essa percepção popular não se transformou, com as mudanças na política e no ambiente de informação. Os poucos exemplos de cartas dirigidas a governantes brasileiros do século XXI, reprodu-

CONSENSO E CONFLITO NA DEMOCRACIA CONTEMPORÂNEA    87

Ainda assim, cabe destacar a centralidade, no discurso oficial do primeiro governo Vargas, do apelo legitimador ao povo e à sua vontade. A Revolução de 1930 e, em seguida, o Estado Novo seriam concretizações de uma vontade popular; como dizia a cartilha estadonovista distribuída nas escolas, "Getúlio Vargas é o chefe nacional pela vontade do povo brasileiro" (apud Capelato, 1998, p.246). Ao nível desse discurso, há uma *ambição de representação* que, como tantos outros elementos, será reapropriada e ressignificada pelos populares.

A busca pela intercessão de um "protetor" pode ser vista como uma estratégia possível para obter benefícios em sistemas políticos que são, em regra, impermeáveis às demandas populares. Não se trata, como na troca de voto por favores, de uma relação mercantil efetivada no momento da eleição; nem da transmissão de vantagens através de uma pirâmide de atravessadores e intermediários, como nas redes de clientela estruturadas.[10] É uma relação "direta" entre o líder e o popular, em busca de benefícios individuais, que manifesta, ainda que implicitamente, uma compreensão do papel do representante.

O entendimento da relação representante-representado que se delineia a partir das cartas discrepa, e muito, dos entendimentos canônicos presentes na teoria política. Partindo da célebre divisão de Pitkin (1967), é possível, em primeiro lugar, observar a debilidade dos mecanismos de autorização e *accountability* que caracterizam

---

zidos na imprensa (por exemplo, em Sá; Damiani, 2003; Borges, 2009; Pires, 2009; Sanches, 2011), revelam uma sensibilidade bastante similar àquela expressada na correspondência dos anos 1930 a 1960. Mas é claro que seria necessário um estudo específico sobre esse ponto.

10 A rigor, a "clientela" direta de um presidente ou candidato a presidente não seria formada por eleitores comuns, mas por chefes políticos regionais ou locais. Uma pequena parcela das cartas provém deles, mas é de se imaginar que, como regra, eles expressem suas demandas por outros canais. Seria interessante, desse ponto de vista, comparar as cartas a Vargas ou Quadros com cartas a governantes locais ou a parlamentares de diferentes níveis. Para estudos sobre a recepção de demandas por detentores de mandatos parlamentares, cf. Bezerra (1999), Kushnir (2000) e Heredia (2002).

os modelos "formalistas" de representação. Mesmo nos casos em que a chegada ao poder depende do voto, há uma dissociação entre o momento da autorização e a proteção/intercessão desejada. Não é o voto que gera a obrigação de prover os benefícios solicitados. As obrigações coletivas geradas pelo vínculo eleitoral cedem passo a acertos pessoais, que não se estabelecem no modo da troca, mas da lealdade, de um lado, e sensibilidade, do outro. E, se é esperada uma resposta, ela não se encaixa na ideia de uma prestação de contas que o governante deveria oferecer aos seus governados.

Já a representação simbólica estaria associada às funções integradoras da liderança política. O símbolo personificaria a unidade da nação. Como observa Pitkin, a percepção passiva do representante na representação simbólica, em que a unidade a rigor poderia estar encarnada até num objeto inanimado, é "suplementada pela visão de que ele é um fazedor de símbolos, fazendo-se um líder aceito por meio de sua atividade. [...] A representação torna-se identificada com a 'liderança efetiva'" (Pitkin, 1967, p.107). No seu extremo, seria a doutrina fascista da representação, marcada por "uma relação de poder, a do poder do líder sobre seus seguidores" (Pitkin, 1967, p.108).

Ainda que traços da visão de um líder que se legitima por sua ação e cria o consenso por meio de sua "energia, inteligência e personalidade imperiosa" (Pitkin, 1967, p.108) sejam perceptíveis no discurso oficial, sobretudo do Estado Novo, não possuem centralidade nas cartas. Há uma relação muito mais instrumental e a busca por benefícios personalizados que pouco têm a ver com o ideal de uma nação una e indivisível.

Já em relação à representação "descritiva", o afastamento é ainda maior. Sobretudo por meio da recodificação dessa vertente na forma da "política de presença" (Phillips, 1995), fica patente que a representação deve operar por meio da identificação entre representantes e representados. No entendimento popular aqui esboçado, ao contrário, é radical a distinção entre quem pede (o remetente) e quem provê (o destinatário). O representante pode exercer a função protetora que dele se espera exatamente por ser diferente do cidadão comum. As

CONSENSO E CONFLITO NA DEMOCRACIA CONTEMPORÂNEA    89

dicotomias poderoso/impotente, forte/fraco, rico/pobre são a base a partir da qual a concepção da representação se estabelece.

Há uma última vertente da teoria da representação que merece ser apontada. Num artigo influente, Nadia Urbinati projetou a ideia de representação como *advocacy*. Em oposição à política de presença, ela sustenta que o representante deve se distinguir de seus constituintes, o que garantiria tanto a maior *expertise* na defesa de seus interesses quanto o distanciamento necessário para garantir a primazia do bem comum (Urbinati, 2000). O vínculo entre representantes e representados seria mantido por meio eleitoral, isto é, a *advocacy* aparece como complemento normativo aos mecanismos já estabelecidos de autorização e *accountability*.

No entanto, a ideia de *advocacy* vai ser estendida para formas não eleitorais de representação, como a exercida por organizações da sociedade civil, sob rótulos como "representação virtual" ou "representação por afinidade". O modelo apresentado por Gurza Lavalle, Houtzager e Castello (2006) apresenta um interessante ponto de contato com a percepção popular aqui esboçada. Nele, o que funda a representatividade das organizações da sociedade civil é seu acesso a espaços decisórios impenetráveis às populações por cujos interesses velariam. A capacidade de *intercessão* é, assim, fundadora da relação de representação.

Não por acaso, há nesse modelo um viés paternalista, marcado pela leitura do *interesse* numa chave que privilegia a *necessidade*, em que a questão da produção autônoma das preferências pelos representados fica ausente (Miguel, 2014a, cap.8). É exatamente onde residem os pontos de contato com a percepção popular da representação extraída da correspondência a Vargas e Quadros. Mas há uma série de diferenças significativas. A assimetria de poder entre representantes e representados não é escamoteada no discurso popular – muito pelo contrário, é assumida centralmente como constitutiva da relação de representação. Mas o principal não é o poder "do líder sobre seus seguidores", como na reconstituição que Pitkin faz da doutrina fascista, e sim o poder sobre pessoas e aparatos que estão fora do alcance do representado. "A política é um meio facilita-

90　LUIS FELIPE MIGUEL

dor de acessos", como diz a vereadora cuja prática foi estudada por Kushnir (2000, p.88). Justamente por isso, o apelo ao governante permitiria a obtenção de resultados de outra maneira inacessíveis.

Os remetentes das cartas não esperam uma prestação de contas do exercício do mandato ou a defesa de princípios e interesses gerais, mas a satisfação de necessidades localizadas e concretas. No pensamento político, tais formas de relação costumam ser marcadas com um sinal de negatividade. Elas revelariam a baixa consciência política ou a incapacidade de ação democrática desses estratos populares, inaptos também, aliás, para observar a distinção entre o público e o privado. Mas, nesse tipo de avaliação, muitas vezes se exige dos pobres um sentimento cívico que não se espera encontrar entre as classes proprietárias, que quando apresentam, de outra forma e com maior capacidade de pressão, suas demandas particulares ao Estado (demandas bem mais significativas, aliás) estariam apenas agindo de forma "racional". Para quem vive à margem de uma rede formal de seguridade, sem acesso aos canais institucionalizados de pressão política e sem participar de alguma organização coletiva capaz de defender seus interesses, a figura de um benfeitor é "tranquilizadora", como diz Scheper-Hughes (1992): estabelece uma ordem mais aceitável, em que o poder não está tão distante, nem tão alheio.

Nas cartas que os simples eleitores encaminham aos governantes, o representante não é o meu igual, como nas visões descritivas, tampouco o agente em relação fiduciária com quem o comissionou, como nas visões formalistas. É antes o protetor/intercessor, aquele que, tendo acesso a espaços sociais que estão vedados a mim, é capaz de ouvir minhas necessidades, entendê-las e, eventualmente, supri-las. O fato de que, via de regra, os pedidos não são atendidos é irrelevante para a análise – o que importa é concepção que funda as expectativas dos cidadãos.[11]

---

11　Não são atendidos, mas são respondidos. As obras consultadas citam longamente as respostas dadas às cartas pela burocracia estatal (ou, no caso de Quadros, pela equipe de campanha). Seja no Palácio do Planalto, seja no gabinete de um deputado, há equipes destinadas a responder às cartas dos cidadãos.

CONSENSO E CONFLITO NA DEMOCRACIA CONTEMPORÂNEA    91

O entendimento popular da representação que busco deline-
ar aqui só pode ser compreendido diante do pano de fundo constituído pela profunda impermeabilidade do campo político às suas
demandas. Comparando as *lettres de cachet*, em que os súditos fran-
ceses se dirigiam ao rei, a formas posteriores de relação com o povo,
Foucault diz:

> O poder que se exercerá no nível da vida cotidiana não mais
> será o de um monarca, próximo ou distante, todo-poderoso e capri-
> choso, fonte de toda justiça e objeto de não importa qual sedução,
> a um só tempo princípio político e potência mágica; ele será consti-
> tuído de uma rede fina, diferenciada, contínua, na qual se alternam
> instituições diversas da justiça, da polícia, da medicina, da psiquia-
> tria. E o discurso que se formará, então, não terá mais a antiga tea-
> tralidade artificial e inábil: ele se desenvolverá em uma linguagem
> que pretenderá ser a da observação e a da neutralidade. O banal se
> analisará segundo a grelha eficaz mas cinza da administração, do
> jornalismo e da ciência; exceto se for buscar seus esplendores um
> pouco mais longe disso, na literatura. Nos séculos XVII e XVIII,
> se está na idade ainda tosca e bárbara em que todas essas media-
> ções não existem; o corpo dos miseráveis é confrontado quase dire-
> tamente com o corpo do rei, sua agitação com suas cerimônias; não
> há tampouco linguagem comum, mas um choque entre os gritos e
> os rituais, entre as desordens que se quer dizer e o rigor das formas
> que se deve seguir. (Foucault, 2006 [1977], p.219)

À parte a apreciação predominantemente estética dos embates entre discursos de poderosos e desvalidos, que marca o texto de
Foucault, há aqui uma sinalização da insensibilidade das estruturas
estatais burocráticas às demandas populares. O processo de inclusão formal, por meio da extensão dos direitos civis, tem como contraface uma necessidade de formalização também das formas de
acesso à autoridade. São requisitos da racionalização e da eficácia da
dominação. Por outro lado, o campo político, mesmo quando ofi-
cialmente democrático, apresenta obstáculos à presença popular –

opera de forma "censitária", como diz Bourdieu (1979, p.464). Os espaços de tomada de decisão são um mundo estranho para os cidadãos comuns, que veem poucas brechas para neles agir em favor de seus próprios interesses.

As cartas aos líderes mostram que não há uma mera acomodação com essa situação. Se o Estado parou de precisar das *lettres de cachet* porque encontrou outros meios de perscrutar os ânimos da sociedade, os governados podem optar por se valer de formas de comunicação (pretensamente) direta com os governantes, na busca do intercessor que seja capaz de agir em seu favor nas esferas do poder. "Não existem mais intermediários entre o governo e o povo": o *slogan* estadonovista é reivindicado expressamente em inúmeras cartas ao ditador.

O que se quer, por vezes, é o cumprimento da lei, mas o pleiteante não encontra modos de exigi-lo eficazmente pelos procedimentos normais, como mostram vários exemplos citados aqui. Por vezes, quer-se o seu descumprimento, baseado em circunstâncias excepcionais, que a burocracia, determinada a agir *sine ira et studio* (ou, por vezes, com um viés contrário ao demandante), não é capaz de apreciar. A carta de Amerida de Mattos Diniz a Vargas, citada acima, serve de exemplo – e há muitas similares nas obras consultadas. Ela deseja ser nomeada, após ter participado de concurso público. Seu argumento principal, porém, não é a classificação, mas a necessidade: os doze filhos, o baixo salário do marido. São circunstâncias que não são contempladas nas regras que regem o serviço público, mas que sustentam e justificam como razoável o seu pleito.

Num estudo sobre as percepções dos cidadãos quanto à sua relação com o Estado – baseado, aliás, em cartas enviadas a Hélio Beltrão quando ele ocupava o cargo de ministro da Desburocratização do governo Figueiredo –, Elisa Pereira Reis identifica a noção de "direitos como favores": "os direitos são percebidos como concessões da boa autoridade" (E. P. Reis, 1990, p.170). Demonstração, claro está, de nossa cidadania incompleta e de uma cultura política atrasada. Mas é possível ver um reverso da moeda: ao mesmo tempo que pedem direitos como favores, muitas cartas revelam

CONSENSO E CONFLITO NA DEMOCRACIA CONTEMPORÂNEA  93

uma compreensão de *favores como direito*. A atenção particulariza-da às peculiaridades da situação, que foge ao escopo da atuação burocrática, é esperada do representante, em sua missão de proteger aqueles que nele depositam sua confiança.

Muitas das cartas revelam o desânimo dos remetentes com os canais estabelecidos de processamento das suas demandas. O poder judiciário, a burocracia estatal ou o mercado de trabalho simplesmente não oferecem as respostas desejadas e necessárias. Diante dos recursos de que dispõem, o apelo ao governante surge como uma alternativa racional. Seu custo é muito baixo, em comparação a outras estratégias, como a mobilização coletiva, a busca da reforma das instituições ou o enfrentamento ao poder constituído. Também em relação a elas, seu saldo imediato, em termos da esperança e conforto que proporcionam, é favorável. Se, do ponto de vista do observador externo, a carta ao presidente pode ser considerada inútil, da perspectiva do agente ela oferece uma relação custo-benefício bastante atraente.

É possível dizer que, ainda que haja uma nebulosa concepção popular da representação política indicada nas cartas de populares, tal como se procurou demonstrar ao longo deste capítulo, nada dela parece contribuir para a construção de uma ordem democrática. De fato. É uma concepção de representação que incorpora, de forma decisiva, as assimetrias de influência, as desigualdades materiais e a impotência relativa da maioria da população e que nega implicitamente as potencialidades da ação política coletiva. São, entretanto, escassos os recursos disponíveis para aqueles que precisam "se virar", para voltar à imagem de Darnton. Esse entendimento da representação, com todos os seus déficits de equidade, serve para construir o balizamento de um compromisso esperado do governante, gerando brechas para a solução – ou, ao menos, a esperança de solução – de problemas prementes.

# 4
## OLIGARQUIA E REPRESENTAÇÃO NO PENSAMENTO DE MICHELS

A obra de Robert Michels, em particular sua *Sociologia dos partidos políticos*, de 1911, representa uma contribuição que permanece importante para os estudos sobre representação política. Sua famosa reflexão sobre a tendência à "oligarquização" dos partidos políticos entrou para o senso comum cultivado. Em geral, Michels é evocado para indicar os limites que uma certa natureza humana impõe às tentativas de organização democrática. Aqueles que detêm poder vão usá-lo, em primeiro lugar, para seu próprio benefício. A divisão funcional entre governantes e governados, entre líderes e liderados, sempre se torna mais do que uma mera divisão funcional. Torna-se uma diferenciação de interesses e – embora Michels não dê ênfase à palavra ou ao conceito – uma forma de dominação.

Essa conclusão é congruente com a reflexão e o espírito de Michels. A *Sociologia dos partidos políticos* é a obra que conclui o trabalho de luto das suas ilusões em relação à social-democracia alemã. A partir daí, ele caminha para o fascismo. O desencantamento com as formas de mediação política – começando pelo próprio partido – levou-o a encarar positivamente a pretensa relação direta entre o *Duce* e as massas italianas. No entanto, acredito que é possível propor uma apropriação diferente do pensamento de Michels. Em vez de nos levar ao abandono do ideal democrático, ele pode servir de alerta contra o abastardamento desse ideal pelas próprias instituições que dizem implementá-lo.

Vejo Michels como integrante da galeria de teóricos conservadores ou mesmo reacionários que têm o mérito de iluminar deficiências e questionar aspectos não problematizados do pensamento liberal. Meu esforço, neste capítulo, é estabelecer uma posição aparentemente paradoxal. Por um lado, argumento que a chamada "teoria clássica das elites", que tem Michels como integrante de sua trindade de autores canônicos, é um discurso ideológico sem maior sofisticação teórica e hoje mantém seu interesse apenas como um capítulo da história das ideias da reação. Por outro lado, quero destacar que, em seu estudo sobre a social-democracia alemã, Michels indicou, de forma lúcida, provocativa e com algum exagero retórico, questões relativas à representação política que continuam merecendo reflexão um século depois. Juntando as duas pontas, advogo aqui por uma leitura *antielitista* do pensamento de Robert Michels como o melhor caminho para aproveitar aquilo que sua obra pode nos fornecer.

## Elitismo como retórica da futilidade

Resumido a seu conteúdo mais simples, o elitismo pode ser definido como a afirmação da impossibilidade de uma ordem social mais igualitária. A distinção entre uma minoria que exerce o poder e uma maioria que está submetida às ordens emanadas de outros seria uma constante universal, presente em qualquer sociedade humana do passado, do presente e, sem dúvida, do futuro. Qualquer tentativa de mudar essa situação está fadada ao fracasso. Por trás das aparências e do discurso oficial de seus líderes, todos os movimentos políticos pretensamente igualitários apenas renovam as formas de dominação das maiorias pelas minorias. A queda da Bastilha leva ao Terror, a tomada do Palácio de Inverno leva ao *gulag*, o assalto ao quartel de Moncada leva ao castrismo: movimentos que

CONSENSO E CONFLITO NA DEMOCRACIA CONTEMPORÂNEA **97**

afirmavam estar liquidando a dominação e inaugurando uma era de igualdade derrubam minorias no poder apenas para colocar no lugar seus líderes, que se tornam minorias tão discricionárias quanto as anteriores.

Entendido dessa forma, o elitismo certamente é um modo do pensamento político muito anterior à produção do cânone hoje chamado de "clássico", na virada do século XIX para o século XX, pelas mãos de Vilfredo Pareto, Gaetano Mosca e, um pouco depois, Robert Michels. Mas é necessário não confundi-lo com a mera afirmação da desigualdade natural entre as pessoas ou mesmo da necessidade de que os melhores ou mais aptos exerçam o governo. Em grande parte do pensamento conservador, o entendimento de que as desigualdades têm base natural – e de que o governo é uma atividade que deve ser reservada a uma minoria capaz – está combinado a um alerta quanto aos riscos da anarquia, caso esses imperativos sejam desrespeitados. É possível pensar, por exemplo, na obra fundadora do conservadorismo moderno, o livro sobre a Revolução Francesa escrito por Edmund Burke (1982 [1790]). Ele não fala sobre a imutabilidade de uma ordem; adverte sobre o perigo de subvertê-la.

Tal como o apresento aqui, o elitismo tem como característica distintiva a afirmação de que uma sociedade igualitária não tem como se efetivar. Ele aponta não para a ameaça da anarquia, já que ela é, em seus próprios termos, uma impossibilidade. Aponta, isso sim, para a vacuidade dos esforços de quem planeja uma reforma da sociedade nessa direção, ao mesmo tempo que denuncia seu discurso como ilusório e enganoso. Trata-se, portanto, de uma corrente de pensamento que ilustra com perfeição aquilo que Albert Hirschman (1992 [1991]) chama de "tese da futilidade", um dos modos fundamentais do discurso reacionário: qualquer tentativa de mudar o mundo é fútil, pois o mundo sempre volta a ser aquilo que, em essência, ele é. E, nesse caso, em essência o mundo social é a dominação da massa pela elite.

Em seu ensaio, com a erudição e a vivacidade que marcam suas melhores obras, Hirschman identifica a futilidade como uma das

## 98 LUIS FELIPE MIGUEL

três teses invocadas pela retórica reacionária, ao lado da perversidade (qualquer tentativa de transformação do mundo provoca o seu oposto) e da ameaça (as tentativas de mudanças comprometem a realização de valores tão ou mais importantes quanto aqueles que são buscados por elas). Evidentemente, as teses devem ser entendidas como tipos ideais; os discursos reacionários reais mesclam-nas em diferentes proporções. Os teóricos das elites aparecem como representantes importantes da tese da futilidade, que Mosca, Pareto e Michels desenvolveram "sistematicamente em muitas direções" (Hirschman, 1992 [1991], p.55). Mas também são citados, com destaque, Tocqueville, por sua conhecida interpretação da Revolução Francesa como mero prosseguimento de tendências em curso no *Ancien Règime* (Hirschman, 1992 [1991], p.45-8), e, na literatura mais recente, os autores que buscam provar que o *Welfare State* foi incapaz de promover melhorias na situação relativa dos mais pobres (Hirschman, 1992 [1991], p.56-63).[1]

Não me interessa, aqui, entrar em detalhes do pensamento de Pareto, de Mosca ou mesmo do próprio Michels, para mostrar como cada um deles constrói, à sua própria maneira, esse argumento da futilidade (cf. Miguel, 2014a, cap.2). O que é significativo é que a teoria surge no momento em que a aparente indiscutibilidade de sua tese central estava sob ameaça. É quando o movimento democrático e o movimento socialista ganham força na Europa, com suas promessas de superação da desigualdade, que parece necessário afirmar que ela nunca desaparecerá.

Em outro livro, o mesmo Hirschman comenta o sucesso da obra de Mancur Olson – que é, à sua maneira, um atualizador do pen-

---

1 Na mesa "Robert Michels: 100 anos da lei de ferro da oligarquia", no 8º Encontro da Associação Brasileira de Ciência Política, em Gramado (RS), de 1º a 4 de agosto de 2012, André Marenco dos Santos observou que Michels incorporaria a tese da perversidade: a organização destinada a promover a emancipação da classe operária passaria a dominá-la. De fato, é um elemento digno de atenção. Mas creio que, como narrativa geral, a obra de Michels continua mais identificada com a tese da futilidade: a busca de uma sociedade igualitária culmina em uma nova sociedade desigual.

CONSENSO E CONFLITO NA DEMOCRACIA CONTEMPORÂNEA **99**

samento elitista. Quando foi publicado em 1965, *A lógica da ação coletiva* passou quase desapercebido. O livro só vai ganhar importância *após* os eventos de maio de 1968. Segundo Hirschman, a teoria de Olson deve sua popularidade ao fato de que servia para acalmar o *establishment*, pois demonstrava que a rebelião operária e juvenil *não podia ter acontecido* (Hirchman, 1983 [1982], p.86). Pode-se dizer que, na virada do século XIX para o XX, a teoria clássica das elites cumpria um papel tranquilizador similar.

É possível fazer um paralelo com a filosofia de Nietzsche, em grande medida contemporânea de Pareto e Mosca, e que representa, em muitos sentidos, uma radicalização do pensamento elitista. O esforço de Nietzsche é demonstrar que somos, por natureza, divididos entre aqueles dotados de vontade de poder, portanto votados ao mando, e o rebanho dos homens fracos, carentes de vontade de poder, destinados a serem comandados. O drama da sua época, porém, era a "revolta dos escravos" – aqueles destinados a serem dominados estavam se revoltando contra seu destino. Nos termos da própria filosofia de Nietzsche, trata-se de uma contradição em termos, de uma impossibilidade lógica. O rebanho permanece nessa condição porque percebe nela algo adequado à sua própria natureza e o fato de assim perceber é a marca mesma do pertencimento de cada um ao rebanho.

Mas é essa impossibilidade que apavora o filósofo. Tal como o de Nietzsche, o pensamento dos elitistas clássicos é perpassado por essa contradição entre um artigo de fé teórico (a impossibilidade da igualdade) e uma tomada de posição política (a necessidade de trabalhar ativamente para evitar a igualdade). A ação política do rebanho é considerada, a um só tempo, como uma impossibilidade, um risco e uma degeneração, estando marcada pelo "ressentimento" – um tema caro a Nietzsche, que dessa forma estigmatiza as demandas por igualdade como sendo a expressão de uma emoção menor e negativa.

Hoje, uma sociedade plenamente igualitária parece um sonho improvável. O próprio sentido de "igualdade" é tema para uma polêmica sem fim, muito longe do sentido quase autoevidente que tinha para os teóricos das elites e para seus adversários. Discutimos qual é a relação entre igualdade e diferença ou se nosso ideal deve ser uma igualdade de recursos, de bem-estar ou mesmo de oportunidades (cf., entre muitos outros, Phillips, 1999; Dworkin, 2000).

As disputas teóricas e políticas em torno do conceito de igualdade expõem, ainda mais, as simplificações que estão na base do pensamento de Pareto, de Mosca ou de Michels. Seria possível apontar formas de organização social em que o domínio da minoria, indicado pelos elitistas, simplesmente não existe, como as sociedades "contra o Estado", para lembrar do título da famosa obra do antropólogo francês Pierre Clastres (1988 [1974]). O cientista político James Scott analisou as estratégias de povos que viviam na periferia dos Estados e se esforçavam por garantir o mínimo de autoridade governamental. Enquanto o avanço tecnológico não tornou irrelevantes as barreiras físicas, os "povos das montanhas" constituíam comunidades praticamente autônomas e, em muitos casos, internamente igualitárias (Scott, 2009). Enfim, quando analisada com um pouco mais de cuidado, a constante universal e imutável dos elitistas se mostra circunscrita historicamente.

Mas não é preciso ir tão longe. A expressão "minoria governante" pode significar muitas coisas diferentes. É possível identificar a presença de uma minoria governante na democracia ateniense do século IV a.C., bem como no Império Otomano, em alguma monarquia absoluta europeia do século XVII, na Alemanha hitlerista, na Arábia da família Saud ou no Brasil do início do século XXI. São todos governos de minoria. No entanto, pouco há em comum entre eles e nada justifica vê-los como meras manifestações de uma característica trans-histórica, como justificações da regra de que o governo é uma tarefa de elite ou como demonstrações do postulado de que a oligarquia é "a forma prestabelecida da vida em comum dos grandes agregados sociais" (Michels, 1982 [1911], p.235).

Nos variados exemplos que citei, podemos observar diferenças profundas no que se refere às origens dos governantes e à forma pela qual são recrutados; à densidade e à natureza das trocas entre governantes e governados; ao elenco de interesses que precisam ser

CONSENSO E CONFLITO NA DEMOCRACIA CONTEMPORÂNEA **101**

levados em conta (e em que medida) no processo decisório; à capacidade de pressão e aos mecanismos de controle e supervisão dos governados sobre os governantes; aos limites em que o uso da força é aceito como instrumento legítimo de governo. Nada disso, porém, entra na conta da teoria das elites.

Em uma observação lateral, Michels admite que dentro de "certos limites, muito estreitos", há um efeito igualitário advindo da existência de um partido democrático:

> a importância que é atribuída às massas aumenta, mesmo que elas sejam guiadas por demagogos; os órgãos da legislação e da administração se habituam a ceder, não mais apenas às pretensões vindas de cima, mas também às exigências vindas de baixo. (Michels, 1982 [1911], p.219)

Mas não alcança a conclusão que se imporia a partir daí, isto é, que a divisão entre quem governa e quem é governado assume diferentes feições, de acordo com a correlação de forças na sociedade, e que essas diferenças importam mais do que o postulado banal de que alguns exercem funções de governo e outros não.

Em suma, a doutrina elitista é apenas uma justificação ideológica da desigualdade política, baseada numa filosofia da história que é simplista teoricamente e equivocada empiricamente.

Dentro desse quadro, qual a especificidade da contribuição de Robert Michels? Em primeiro lugar, o método de trabalho. Enquanto Pareto e Mosca partiam de uma teorização geral e daí fisgavam na história da humanidade os exemplos que melhor se adequavam ao que queriam dizer, Michels buscava um caminho inverso. Sua "lei de ferro das oligarquias" é uma generalização a partir de um estudo parcial, mas minucioso, sobre a social-democracia alemã. Isso confere a ele uma sensibilidade muito maior à dinâmica concreta das interações políticas.

Talvez como decorrência disso, Michels, ao contrário de Pareto e de forma mais profunda que Mosca, dá importância à relação entre a elite e a base. Ele introduz, então, a dimensão da discussão sobre a representação política. Suas oligarquias não são minorias autoinstituídas que exercem o poder político por conta de características distintivas que as colocam em posição superior de forma quase automática. É o que ocorre com os "resíduos" de Pareto, por exemplo, qualidades inatas que garantiriam, a quem as possuísse, uma posição na elite (cf. Pareto, 1935 [1916]). As oligarquias de Michels têm sua força ligada à importância de uma base social, que lhes dá ou em algum momento lhes deu sustentação e que é a razão original para que ocupem posições de poder.

Assim, a questão que Michels coloca – e que está ausente por completo das preocupações dos dois outros teóricos clássicos da elite – é o dilema próprio de qualquer movimento de massas: a busca de ampliação da eficácia de sua ação exige uma profissionalização que leva, por sua vez, à independentização da direção em relação à base. Michels explica o processo da seguinte maneira:

> Na medida em que o trabalho político se complica e que as regras da legislação social se multiplicam, é preciso, para orientar-se na política, possuir uma experiência cada vez maior e conhecimentos cada vez mais amplos. Por isso, o fosso que separa os chefes do grosso do partido alarga-se cada vez mais e chega um momento em que os primeiros perdem todo o sentimento de solidariedade para com a classe de onde saíram. Produz-se, então, uma verdadeira divisão em subclasses: a dos capitães ex-proletários, e a dos soldados proletários. (Michels, 1982 [1911], p.54)

O trecho é exemplar por incorporar, de forma sintética, alguns dos eixos principais da argumentação de Michels. A diferenciação entre direção e base se amplia como efeito da maior complexidade do jogo político, que passa a exigir uma *expertise* própria, que não é acessível a todos. Com isso, a capacidade de interlocução entre lideranças e base fica comprometida. Cabe observar que não é só que os liderados perdem a capacidade de supervisionar os líderes; estes últimos também passam a perceber como inúteis suas tentativas de justificar-se diante de uma massa que não os entende.

CONSENSO E CONFLITO NA DEMOCRACIA CONTEMPORÂNEA 103

Assim, em vez de controle, a relação do liderado com o líder torna-se de obediência. É uma relação similar à do paciente com o médico, que também é de uma obediência baseada na confiança em um conhecimento superior (Michels, 1982 [1911], p.56).[2] A menção à multiplicação da legislação social indica que, ao menos em parte, a ampliação da complexidade da luta política é efeito das conquistas obtidas pelo próprio movimento operário.

O elemento mais importante, porém, é o esgotamento da solidariedade para com a classe de origem. Na leitura de Michels, que aqui preserva algo de sua bagagem marxista prévia, trata-se de um efeito automático da mudança de posição nas relações sociais de produção. Segundo ele, "é uma lei social inelutável que qualquer órgão da coletividade, nascido da divisão do trabalho, cria para si, logo que estiver consolidado, um interesse especial" (Michels, 1982 [1911], p.234). O burocrata partidário ou o parlamentar não encontra mais vantagem material na melhoria das condições de vida dos operários. É isso que provoca a bifurcação dos interesses.

É possível dizer que a solução encontrada por Michels peca por seu simplismo. As motivações dos agentes políticos, no seu relato, são de um materialismo bastante grosseiro e imediato. O fato de que a manutenção da solidariedade com a base é a razão da permanência na posição de liderança política não é levado em conta, muito menos qualquer vinculação a projetos ou valores políticos. A incapacidade de distinguir entre o político e o funcionário, como fez Weber (1993 [1917]) na mesma época, aplaina diferenças que são importantes e retira, do horizonte de Michels, motivações para a ação política que vão além da busca de benesses que, em última análise, define seu oligarca.

---

2 Uma tentativa de teorizar uma forma de representação política baseada na "confiabilidade" de representantes sobre os quais os representados não possuem qualquer possibilidade de controle é encontrada no modelo "giroscópico" de Mansbridge (2003). Como deve ter ficado claro pela discussão do capítulo 2, a qualidade democrática dessa representação é reduzida.

104   LUIS FELIPE MIGUEL

Além disso, Michels desenha de forma demasiado cortante a distinção entre a elite oligárquica e sua base de massa, não levando em conta, na sua generalização final, nem a estrutura hierárquica piramidal, que é própria dos partidos políticos e de outras organizações de massa, nem o papel de outras lideranças internas, à margem da hierarquia institucional. Dirigentes e base não se limitam a duas posições polares, mas formam um *continuum* de posições, em que, portanto, há circulação de informações e desafios potenciais internos que tornam mais matizada e complexa a independentização da direção. Uma vez mais, Michels é sensível ao fenômeno e anota, à margem de seu raciocínio principal, que o temor da ascensão dos "novos chefes" obriga o "velho chefe" a "manter-se em contato permanente com as opiniões e os sentimentos da massa, a quem ele deve o seu cargo, confessar-se seu instrumento e submeter-se aparentemente, pelo menos, a seu bel-prazer" (Michels, 1982 [1911], p.95).

Essa observação leva fatalmente a um entendimento mais sutil da independentização da liderança política. A massa não está à mercê dos chefes, aos quais, em sua gratidão e incompetência, ela obedece cegamente, como, em outro trecho, diz o próprio Michels (1982 [1911], p.40). Ela é a juíza de uma disputa interna por liderança, cuja dinâmica pode impor freios à independentização dos chefes. Mas esse aspecto é descartado na enunciação da lei de ferro das oligarquias.

Por fim, para encerrar esse breve inventário das insuficiências da formulação teórica de Michels, ele não dá nenhum espaço a mecanismos horizontais de coordenação. Mesmo que aceitemos que toda organização leva à produção de uma hierarquia, o funcionamento dessa organização, dirigido e facilitado pela hierarquia, ou ainda proporcionado pela hierarquia, exige cotidianamente formas de coordenação horizontal entre seus integrantes. Até em estruturas com uma cadeia de comando altamente formalizada e vertical, como é o caso do exército, esse tipo de coordenação é imprescindível. Ou seja: é justo entender que a divisão entre líderes e liderados, com a especialização funcional dos primeiros, gera assimetrias que são danosas do ponto de vista dos valores democráticos. Mas o re-

CONSENSO E CONFLITO NA DEMOCRACIA CONTEMPORÂNEA **105**

trato de uma base atomizada, desprovida de qualquer meio de supervisão ou de ação autônoma, à disposição de uma direção que se oligarquiza, é uma enorme simplificação.

## A representação e seus dilemas

É claro que o duradouro sucesso da fórmula de Michels depende dessa simplificação. Um modelo mais sofisticado não atingiria a força imagética e a sedução retórica que a "lei de ferro das oligarquias" possui. Então, é dessa forma, simplicada e simplificadora, mas por isso mesmo impactante, que Michels nos defronta com um problema central para a discussão da democracia, que é a tendência à autonomização dos representantes em relação a seus representados.

A promessa central da democracia representativa é que o povo exercerá o poder mesmo estando ausente dos locais de exercício do poder. Como sabemos, é uma promessa muito ambiciosa. Uma grande parte da teoria política simplesmente se desvencilhou dela, deslocando o sentido de democracia. No lugar do governo do povo, entra a competição entre as elites. Poucos autores, hoje, assumirão na plenitude a definição crua de Schumpeter (1976 [1942]), para quem o método democrático nada mais é do que o processo ritualístico de produção de um governo legítimo, nas condições da sociedade contemporânea, sem qualquer conteúdo vinculado a alguma vontade popular. Mas, sem dúvida, como observou há alguns anos Chantal Mouffe (2005c [2000], p.3-4), para a maior parte do pensamento político atual, a democracia se resume à combinação entre o Estado de Direito e o respeito aos direitos humanos. Não é possível negar que a vigência do Estado de Direito e a proteção aos direitos humanos são valiosas, mas estão longe de configurar o exercício da soberania popular.

Para quem ainda busca levar a sério a promessa básica da democracia, o vínculo entre representantes e representados é uma questão-chave. É possível, uma vez mais, tentar escapar da discussão, adotando modelos que simplesmente postulam que o representante está a serviço dos representados, como aqueles de agente e mandante (o chamado modelo "agente-principal"). Mas, para isso, ignoram-se os diferenciais de recursos materiais, informacionais, simbólicos e cognitivos que impedem que se veja o representado e o representante como dois indivíduos racionais simétricos.

São muitos os fatores que trabalham na direção da fragilização do vínculo entre o representado e seu representante. As estruturas do campo político exigem a especialização do trabalho político, gerando um hiato de informação e de competência entre representantes e representados. E, ao mesmo tempo, estimulam a acomodação com a ordem vigente, quer pela cooptação, com a concessão de privilégios e vantagens de diferentes tipos, quer pelo incentivo à barganha e à acomodação, próprias dos regimes eleitorais e parlamentares. Uma organização com plataforma política radical, caso se mantenha fiel a ela, está fadada a um longo período de marginalização antes da conquista, muito incerta aliás, do poder. É grande o incentivo para que ela "entre no jogo", obtendo vitórias menores em troca da moderação do programa e da legitimação do sistema como um todo.

O próprio Michels anotou que a dinâmica da disputa eleitoral conduz o partido operário a abandonar seu compromisso de classe para tornar-se o "partido do povo" (Michels, 1982 [1911], p.155) – um *insight* que, muitos anos depois, seria desenvolvido com rigor por Adam Przeworski (1989 [1985]). Assim, por um lado, os líderes partidários são extraídos da condição de vida própria de sua base e aproximam-se dos setores da elite, com os quais convivem nos diferentes espaços de exercício do poder. Por outro, a moderação na atuação e a abertura do discurso para diferentes grupos sociais (que levam à necessidade de conciliação das divergências) aparecem como imperativos da efetividade da ação política.[3]

---

3 Sob esse ponto de vista, Michels parece concordar com a visão de Lênin, para quem a democracia eleitoral era a forma padrão da dominação burguesa no mundo contemporâneo. Na ausência de liberdade de competição eleitoral, o partido bolchevique foi capaz de evitar a cooptação e manter a radicalidade.

CONSENSO E CONFLITO NA DEMOCRACIA CONTEMPORÂNEA     107

O drama da oligarquização da direção política, é claro, só é sentido pelos grupos dominados. Cabe lembrar que o partido que Michels estudou tinha como objetivo declarado promover uma transformação completa da sociedade alemã, em nome das camadas menos privilegiadas. Na Alemanha, como no resto do mundo, a ruptura entre a ala esquerda da social-democracia, que acabaria por adotar o rótulo de "comunista", e a ala direita, que reteve o nome, só ocorreria a partir da eclosão da Primeira Guerra Mundial, alguns anos depois da publicação de *Sociologia dos partidos políticos*. E apenas em seu Congresso de Bad Godesberg, em 1959, os sociais-democratas alemães abandonaram formalmente a ideia de luta de classes, a vinculação doutrinária com o marxismo e a proposta de edificação de uma sociedade socialista.

Assim, a oligarquização não se refere simplesmente ao fato de que os dirigentes passam a defender interesses próprios, diferenciados da base. É que eles se tornam conservadores, receosos de transformar uma situação que lhes dá vantagens (ainda que secundárias), traindo, com isso, os ideais que os ligavam àqueles que dizem representar. Michels aborda a questão de diferentes ângulos. Por um lado, observa que o poder é sempre conservador (Michels, 1982 [1911], p.219), assim como todas as formas de posse (Michels, 1982 [1911], p.223). Por outro, anota que os líderes socialistas envelhecidos deixam de acreditar nos ideais do partido, mas não podem renegá-los de público, pois com isso minariam sua própria posição de liderança. Tornam-se, então, oportunistas, "céticos [...] cujas ações não são mais guiadas senão pela frieza do seu cálculo" (Michels, 1982 [1911], p.120). O destino do partido operário, então, é ser dirigido por uma casta de oligarcas conservadores e hipócritas. Mas convém lembrar que, como a ação política não depende da sinceridade e sim da estabilidade dos compromissos, o fato de que a identificação dos líderes com os ideais socialistas seja

---

Ainda assim, são também perceptíveis nele muitos dos elementos indicados na oligarquização de Michels, como a assimetria entre direção e base ou a transformação da organização num fim em si mesmo.

108 LUIS FELIPE MIGUEL

um imperativo pragmático (em vez de uma opção genuína) não reduz seu impacto na condução política.

Michels tocou no ponto principal quando vinculou a oligarquização à eficiência do trabalho da organização. De fato, as experiências inovadoras de organização política, voltadas a combater as tendências oligárquicas, logo se defrontam com a compreensão de que, para fazê-lo, precisam sacrificar a eficácia de sua ação. Medidas voltadas a promover a despersonalização da liderança, a transferência de autoridade para a base ou a ampliação do debate interno geram morosidade, perda de *expertise* e redução da unidade de ação.

Dois exemplos citados com certa frequência são os verdes alemães e o Partido dos Trabalhadores brasileiro, ambos fundados em 1980 e com forte preocupação com a vitalidade da democracia interna. A plataforma dos verdes anunciava a criação de "um novo tipo de organização partidária, com estruturas descentralizadas desenhadas de acordo com os princípios da democracia de base" (apud Poguntke, 1992, p.240-1). Era proibida a acumulação de funções, a presidência do partido era um cargo coletivo e foi obrigatória até mesmo a alternância entre mulheres e homens nos postos de direção e nas candidaturas às eleições (Padgett; Paterson, 1996 [1994], p.152-3). A partir dos anos 1990, porém, conforme o partido ganhava peso eleitoral e a possibilidade efetiva de partilhar o exercício do poder, houve uma adaptação gradual às formas convencionais de organização, bem como a moderação programática. Sob a liderança de Joschka Fischer, não por acaso expoente da ala "realista" (em oposição à chamada "fundamentalista") do partido, os verdes encerraram o experimentalismo democrático interno.

Também o PT brasileiro nasceu sob o signo do novo, em que avultavam o compromisso com os movimentos sociais e os trabalhadores, a intransigência quanto a seus princípios, que separavam com nitidez um "nós" e um "eles" dentro do campo político, e a busca por práticas de democracia interna. A partir do momento em que o partido deixou de ocupar uma posição marginal no jogo político e uma vitória eleitoral se colocou no horizonte, o que ocorreu sobretudo depois da eleição presidencial de 1989, o PT iniciou sua

CONSENSO E CONFLITO NA DEMOCRACIA CONTEMPORÂNEA  109

guinada pragmática, que o levou à adaptação às práticas políticas correntes. As mudanças foram perceptíveis na plataforma partidária e nos programas de governo (Amaral, 2003), na prática administrativa, nos padrões de recrutamento parlamentar, na geografia do voto (Terron; Soares, 2010), no discurso de campanha (Miguel, 2006) ou nos padrões de coligação (Miguel; Machado, 2010). E também, é claro, nas formas de organização interna (Leal, 2005; Ribeiro, 2010; Hunter 2010), com a ampliação do poder das bancadas de parlamentares e dirigentes, o fim das consultas às bases e o afastamento das vozes dissidentes.

Em diferentes graus e de diferentes maneiras, as experiências dos verdes alemães e do PT brasileiro ilustram uma mesma situação: o imperativo de maior eficiência na ação fez recuarem os mecanismos antioligárquicos internos. A "lei" de Michels, porém, não seria válida apenas para os partidos políticos. Qualquer organização coletiva estaria sujeita a ela, que assim se estenderia a sindicatos, a associações, a movimentos sociais "novos" ou "antigos".

Mas, a cada nova geração, também vemos novas tentativas de lutar contra essa tendência. Os novos ativismos atuais são exemplos disso, com suas propostas horizontais, "rizomáticas" ou mesmo abertamente individualistas, apoiando-se nas novas tecnologias da comunicação para tentar superar gargalos organizacionais anteriores. Talvez esse experimentalismo seja uma concessão à relativa desimportância desses ativismos. Talvez ele indique mais a busca de autoexpressão, por parte de indivíduos descontentes com a ordem do mundo, do que de uma ação coletiva capaz de transformar essa ordem. Talvez, mais adiante, imperativos de eficiência se façam sentir e levem à oligarquização.[4] Ainda assim, é difícil negar o impacto

---

4  Em entrevista a um jornal brasileiro, o ativista Kalle Lasn, um dos criadores do movimento Occupy Wall Street, indicou que um dos motivos de seu esgotamento foi a falta de líderes que impusessem um rumo à ação, sem discussões intermináveis: "Não havia um líder, ninguém tinha o direito de falar 'Calados!'" (Fernandes, 2012, p.A-14). Sobre as formas de organização do movimento, ver também Gitlin (2012).

que a maior disponibilidade de informação e a maior facilidade de coordenação horizontal têm para as formas de organização.

Cabe lembrar também que o déficit de eficácia das organizações antioligárquicas não é um dado da natureza. As condições de ação eficaz são produto da organização do campo. Determinados padrões de organização da ação política se mostram mais eficazes diante de um ambiente conformado por instituições e por práticas que se estabeleceram historicamente de determinada maneira. Caso o ambiente fosse outro, as condições de eficácia também se transformariam. O nó górdio a ser cortado (e longe de mim pretender que empunho a espada em minhas mãos) é como agir eficazmente num campo político que favorece objetivamente a organização oligárquica, mas com o intuito de transformar esse viés.

Robert Michels é, a meu ver, um companheiro importante nessa reflexão. Ele nos ajuda, acima de tudo, a evitar soluções fáceis. É próprio da política que as boas intenções sejam atropeladas pela necessidade de que a ação surta efeitos – uma lição que, cinco séculos depois de Maquiavel, continua atual. É fácil imaginar um modelo organizacional em que não haja diferenças de poder ou de influência entre os integrantes. Difícil é implementá-lo, uma vez que as assimetrias não se expressam apenas formalmente (para uma discussão do ponto, com base em pesquisa sobre organizações alternativas, cf. Mansbridge, 1983 [1980]). E ainda mais difícil é fazer que uma organização assim seja capaz de competir em condição de igualdade com outras, mais centralizadas, mais disciplinadas e mais ágeis.

Em especial, Michels contribui para pensar os problemas da representação política. Nos últimos anos, um crescente corpo de literatura tem exaltado as virtudes da representação, que é descrita como a efetivação mais plena do ideal democrático (como discutido no capítulo 2). Michels nos ajuda a lembrar que a representação, embora seja a única solução para buscarmos um governo popular nas condições das sociedades contemporâneas, é também *sempre* um problema para a democracia. E que, portanto, não podemos descuidar da tarefa de ampliar a capacidade de interlocução entre

CONSENSO E CONFLITO NA DEMOCRACIA CONTEMPORÂNEA **111**

representados e representantes, bem como de buscar mecanismos que refreiem as tendências à autonomização destes últimos.

Há autores que contribuem para vislumbrar alternativas, que ajudam a indicar as potencialidades de mudança no mundo real e, assim, a impedir a reificação daquilo que existe hoje. Mas há autores que são como âncoras, que nos impedem de nos perder no sonho do "outro mundo possível", alertando sobre a força dos mecanismos de reprodução das estruturas existentes e sobre a resiliência da dominação. Autores que fazem ver que mesmo os movimentos por mudanças estão, em alguma medida, tingidos por elementos de reprodução.

Muitas vezes, os autores-âncora são pensadores conservadores, como é o caso do próprio Michels, mas nem sempre – exemplos diversos seriam os frankfurtianos e, como será discutido no próximo capítulo, Pierre Bourdieu. O que eles sempre são é "estraga-prazeres", que mostram que a transformação do mundo é mais difícil, mais complexa e menos retilínea do que gostaríamos de pensar. Eles nos lembram que não é possível desprezar os mecanismos que favorecem as permanências e que a suspensão deles na crítica não corresponde a seu desaparecimento na realidade.

Justamente por isso, são imprescindíveis. A obra de Michels é útil não para assumirmos suas conclusões relativas à impossibilidade da democratização ou sua pretensa "lei" social imutável. Ela é útil para que, de uma perspectiva radicalmente democrática, nós sejamos capazes de fazer a crítica da representação política e de evitar atalhos na tarefa de democratização efetiva da política. Ela ajuda a lembrar que a relação entre representantes e representados é uma relação assimétrica e que envolve o exercício de poder dos primeiros sobre os segundos; que não podemos levantar nossa desconfiança em relação à substituição dos representados por seus representantes. Enfim, que a democracia é um projeto sempre inacabado, que exige o combate permanente contra as formas de dominação e desigualdade que se produzem no mundo social.

# 5
## BOURDIEU E O "PESSIMISMO DA RAZÃO"

Um célebre dístico de Romain Rolland, frequentemente atribuído a Gramsci, que o citava, afirma que aqueles que buscam transformar o mundo devem associar o "otimismo da vontade" ao "pessimismo da razão". Não basta o desejo de promover a mudança, sem a compreensão dos inúmeros e poderosos fatores que contribuem para impedi-la.

A sociologia de Pierre Bourdieu é frequentemente criticada pelo relevo, que seria excessivo, dado à resiliência dos mecanismos de dominação. Para o autor francês, as estruturas sociais são opacas e a experiência vivida dos indivíduos não lhes permite identificar as causas de sua opressão (Lovell, 2007, p.74). Isso é seriamente reforçado pelo aparente amálgama entre o campo e o *habitus* dos agentes, que faria com que, segundo seus críticos, Bourdieu concedesse pouco espaço à reflexividade na agência ou mesmo endossasse "um formalismo vazio em relação à subjetividade" (Archer, 2007, p.14), já que seu espaço (da subjetividade) seria quase que completamente tomado pela reprodução das estruturas.

A crítica ao que seria o determinismo derrotista de Bourdieu está presente, em primeiro lugar, na sociologia da educação, marcada pelo impacto de sua obra em coautoria com Jean-Claude Passeron, intitulada exatamente *A reprodução* (1970). Nela, com ênfase maior do que outros estudos da época, os autores desmontam o mito republicano da escola como produtora da igualdade social e capaz, em última análise, de conceder a cada um a posição na sociedade que é devida a seus méritos. Pelo contrário, o livro se propõe demonstrar como a escola reproduz e naturaliza desigualdades. Ainda que o caráter de reprodução da instituição escolar seja hoje amplamente reconhecido, o "pessimismo" das conclusões de Bourdieu é alvo permanente de críticas.[1]

A obra de Bourdieu também é marcada pelo "pessimismo" em suas reflexões sobre a política. O conceito de "campo político" lança luz sobre os mecanismos de exclusão e de adequação aos padrões de comportamento preestabelecidos que estão presentes na organização da esfera política nas sociedades contemporâneas (Bourdieu, 1979, 1981, 2000a, 2005). Em particular, a compreensão do funcionamento do campo serve como antídoto às ideias de que a mera ampliação da presença de integrantes dos grupos subalternos nas esferas decisórias implica uma mudança da lógica dessas instâncias e que a criação de novos espaços de participação e/ou representação, em paralelo às instituições tradicionais, gera uma nova dinâmica, "descontaminada" dos antigos "vícios".

Um "campo", no sentido dado ao termo pela sociologia de Pierre Bourdieu, é um espaço social estruturado e estruturante das práticas daqueles que nele ingressam e nele desejam progredir. A adesão aos seus códigos é exigida, promovendo a reprodução de formas de exclusão. O campo político busca "enquadrar" as vozes diferentes, forçando adaptações e reduzindo o potencial disruptivo da incorporação de vozes dissonantes. Os grupos subordinados se veem diante de uma escolha entre "autenticidade" e "efetividade". Seu discurso e seu comportamento tornam-se mais eficazes quando se adaptam às regras do jogo estabelecidas, mas com isso a "diferença" que se queria representar é dissipada.

---

1 Por exemplo, e ficando apenas na literatura brasileira, ver Freitag (2005 [1977]); Nogueira e Nogueira (2002); L. R. S. Almeida (2005); para uma resenha, ver Catani, Catani e Pereira (2001).

CONSENSO E CONFLITO NA DEMOCRACIA CONTEMPORÂNEA **115**

Há, portanto, um efeito reprodutor próprio do campo, que gera homogeneização, conformidade a normas, a expectativas, a padrões discursivos. E, nesse mesmo processo, perpetua a divisão entre sujeitos políticos ativos – os profissionais, aqueles que dominam os códigos do campo – e a massa de "profanos", no sentido de Bourdieu, limitados a optar entre as ofertas apresentadas. Isto põe em xeque o potencial emancipador que a incorporação de múltiplas perspectivas ao debate político promete, bem como leva a entender as novas arenas decisórias não como alternativas, mas em articulação com as anteriores e ainda dentro do espaço definido pelo próprio campo.

Sem negar aspectos potencialmente positivos da "política de presença" (Phillips, 1995) e dos chamados "novos arranjos participativos", o recurso à teoria dos campos permite ver limitações desses processos e orientar a ação política para outras estratégias. Essa perspectiva pode nos conduzir a conclusões que talvez sejam *decepcionantes*, do ponto de vista das esperanças de mudança, mas tal decepção não constitui um argumento para refutá-la.[2] Assim, Bourdieu nos fornece uma visão de mundo que, sem ser desencantada em relação às possibilidades de transformação social, revela que são mais complexas e tingidas de elementos de manutenção do que os próprios discursos utópicos gostam de crer.

Neste capítulo, procuro indicar que uma compreensão dos obstáculos à superação da dominação tal como apresentada por Bourdieu não leva à resignação ou à acomodação. Ao contrário, mostra que não há soluções fáceis e que a tarefa de transformação da sociedade – para voltar a Gramsci – não pode estar fundada "na vazia agitação de [...] desejos e sonhos" (Gramsci, 2000 [1932-1934], p.35). O "pessimismo da razão" está na base da possibilidade de uma ação política transformadora.

---

2 David Hume observava que "não há método de raciocínio mais comum e não obstante mais censurável que o de esforçar-se, nas disputas filosóficas, para refutar uma hipótese usando como pretexto suas perigosas consequências para a religião e a moralidade" – ou, no nosso caso, para o triunfalismo militante (Hume, 2003 [1748], p.138).

# 116 LUIS FELIPE MIGUEL

## Reprodução e dominação social

A leitura que proponho aqui da obra de Bourdieu tem como chave a questão da reprodução e naturalização das hierarquias sociais. Essas hierarquias estão vinculadas à posse de determinados tipos de capital e proporcionam, àqueles que se encontram no topo, autoridade sobre os outros. Está em questão, portanto, a *dominação* social. Para que se defina como tal, esta precisa ser reproduzida e, para isso, legitimada, o que Bourdieu apresenta sobretudo como um processo de naturalização – as vantagens advindas da situação social daqueles que se encontram em posição privilegiada passam a ser vistas como atributos inatos dos agentes, qualidades que justificam suas pretensões de *status* e mando.

O problema do mando e da obediência se coloca no centro da teoria política a partir do momento em que nem a força, nem a vontade divina são capazes de apresentar respostas consideradas plausíveis. É possível recuar aqui até encontrar, de um lado, Étienne de La Boétie (1987 [1552]) e, de outro, a tradição contratualista. La Boétie enunciava, em meados do século XVI, uma das questões centrais da reflexão sobre a política: como é possível que a dominação política não apenas ocorra, mas se estabilize e se naturalize? Embora condenado a uma posição marginal na história das ideias políticas, o tratado de La Boétie apresenta sua questão de uma maneira que é intuitivamente mais atraente que a daqueles que buscam justificar a dominação. Se Hobbes, cerca de um século mais tarde, mobiliza todo um complexo edifício filosófico para estabelecer a necessidade da obediência aos poderosos, mas não chega a mais do que uma ficção genial, La Boétie obtém contato imediato com seu leitor, analisando o poder político pelo prisma dos submetidos a ele, como fonte de perda de liberdade e de exploração.

Boa parte da teoria política vai seguir os passos de Hobbes e se debruçar sobre o problema tentando encontrar caminhos que demonstrem como se dá a "obrigação política", isto é, a imposição do dever de obediência dos governados diante dos governantes. Carole Pateman diz que, nos limites da teoria democrática liberal, a discus-

CONSENSO E CONFLITO NA DEMOCRACIA CONTEMPORÂNEA   117

são é como estabelecer um consentimento presumido que justificaria a submissão às normas e à autoridade constituídas como uma decisão autônoma dos indivíduos. Afinal, como um indivíduo "livre e igual" pode ser legitimamente governado por alguém? A única possibilidade é se ele voluntariamente se coloca na relação de obediência, isto é, a obrigação precisa ser autoassumida (Pateman, 1985 [1979], p.13). Os teóricos e cientistas políticos costumam apresentar o "consentimento dos governados" como uma característica central da democracia liberal, que seria assim a solução para o problema da obrigação política, mas poucos investigam o significado desse consentimento (Pateman, 1985 [1979], p.81).

Essa investigação é levada a cabo pelas vertentes mais críticas da teoria social e política, com notável grau de discordância interna. As visões baseadas no conceito de "ideologia", no sentido marxista, e em particular na noção gramsciana de "hegemonia", enfatizam a absorção do quadro de valores dominante por parte dos dominados. As assimetrias sociais são aceitas pelos indivíduos como sendo basicamente *justas* ou, no mínimo, como inevitáveis. Comportamentos contestatórios são vistos como moralmente errados ou então inócuos. Contra isso, há toda uma corrente, cujo expoente mais radical talvez seja James Scott (1985, 1990), que vê um fluxo contínuo de insatisfação e rebeldia potencial correndo por trás da fachada de aquiescência. O "consentimento" dos dominados é a manifestação ritual de sua própria posição de oprimidos, causado sobretudo pelo temor da repressão. Os pequenos gestos furtivos diários de recusa à ordem constituída, que Scott classifica de "resistência cotidiana", demonstram que a adesão aos valores dominantes é mais aparente do que autêntica.

Colocado o debate nesses termos, dentro da tradição do marxismo, Bourdieu é um participante apenas lateral. Ele se inclina de forma decidida, porém, para a primeira leitura. São fundamentais, em sua explicação do funcionamento da sociedade, os mecanismos da violência simbólica, que levam os dominados a vê-la através das lentes fornecidas pelos dominantes, posição em que se percebe a herança durkheimiana que o faz enfatizar os esquemas comparti-

118 LUIS FELIPE MIGUEL

lhados de classificação do mundo social. Para ele, a dominação é sustentada pelos dominados – ainda que faça questão de observar que "as disposições que inclinam [os dominados] a esta cumplicidade [com a própria dominação] são também o efeito, incorporado, da dominação" (Bourdieu, 1989, p.12).

Uma das principais críticas que podem ser dirigidas a ele é, exatamente, a de tender a desconsiderar os elementos de resistência e a aceitar ao pé da letra as manifestações ostensivas de aceitação das hierarquias estabelecidas por parte dos dominados. Esse posicionamento muitas vezes toma por base as obras finais de Bourdieu, em que esse elemento se encontra exacerbado. É o caso, por exemplo, de seu livro sobre a dominação masculina (Bourdieu, 1998a; para um exemplo da crítica, ver Corrêa, 1999). Mas é algo que, às vezes com mais, às vezes com menos peso, perpassa toda a sua obra.

Cumpre notar que, na visão de Bourdieu, a aceitação da legitimidade da dominação está intimamente ligada ao reconhecimento da superioridade do dominante. A atribuição de qualidades especiais àqueles que se encontram em posições privilegiadas é um elemento fundante da naturalização das relações de dominação, assim como seu reverso, a introjeção das impossibilidades estruturais, lidas como um déficit pessoal de capacidade pelos próprios dominados. O reconhecimento que está na raiz do poder simbólico é, na verdade, "o desconhecimento da violência que se exerce através dele" (Bourdieu, 1990 [1987], p.194). Dito de outra forma: é necessário se interrogar "sobre as funções preenchidas, nas relações sociais, pelo desconhecimento da verdade objetiva dessas relações como relações de força" (Bourdieu; Passeron, 1970, p.19). O ocultamento das condições estruturais da reprodução da dominação (e da produção da "excepcionalidade" dos privilegiados) é, assim, condição necessária para sua legitimação.

A ênfase dada a esse reconhecimento das qualidades especiais de indivíduos singulares, que em certa medida *personaliza* as relações de dominação, é talvez o aspecto mais questionável da concepção de dominação de Bourdieu – e alguns dos problemas dessa abordagem serão discutidos, brevemente, mais adiante. Mas o que nos interes-

CONSENSO E CONFLITO NA DEMOCRACIA CONTEMPORÂNEA **119**

sa, no momento, é o outro componente de sua concepção. Para além de sua eventual vinculação ao reconhecimento individual, os mecanismos de legitimação da dominação se incrustam nas estruturas que organizam a ação em sociedade, isto é, os campos.

Para Bourdieu, "campo" remete a uma configuração de relações objetivas entre posições de agentes ou de instituições. Essa configuração constitui o campo, ao mesmo tempo que é constituída por ele. Os diferentes campos sociais se formam à medida que determinadas práticas geram seus próprios espaços de autonomia. Assim, a formação de um campo artístico ou literário, por exemplo, permitiu que a arte ou a literatura regulassem – até certo ponto – a si mesmas (ver Bourdieu, 1987, 1992a). Em particular, fez que as modalidades de consagração, e portanto suas hierarquias internas, dependessem das relações estabelecidas no próprio campo e não mais fossem impostas de fora, pelo dinheiro ou pelo Estado. O mesmo vale para o campo acadêmico. Dessa forma, os campos são as estruturas objetivas, que impõem sua lógica aos agentes que deles participam – a busca do lucro, no campo econômico; do reconhecimento pelos pares, no campo artístico etc. Cada campo gera uma prática específica e também uma espécie de capital, isto é, uma forma de valor que só se estabelece como tal porque é socialmente reconhecida (a rigor, a própria moeda se enquadra nessa definição).

A afirmação de que os campos são estruturas "objetivas" não deve toldar, por sua vez, o fato de que a categoria se refere a um construto analítico, ajustável diferentemente de acordo com as necessidades da investigação. Podemos falar de um campo acadêmico amplo, de um campo mais restrito das ciências humanas, de um campo específico da sociologia. Em cada um desses níveis, podemos pensar em um campo transnacional ou em campos nacionais. Não é que haja uma estrutura piramidal de campos e subcampos; é que, em cada uma dessas situações sobrepostas, podemos reconstruir a teia dos constrangimentos estruturais sob a forma de um campo. E os próprios agentes, sob diferentes circunstâncias, vão pensar a própria localização e se motivar para agir com base em parâmetros menos ou mais amplos.

# 120 LUIS FELIPE MIGUEL

A definição do campo político, em particular, é de

> lugar em que se engendram, na concorrência entre os agentes que nele se encontram envolvidos, produtos políticos, problemas, programas, análises, comentários, conceitos, acontecimentos, entre os quais os cidadãos comuns, reduzidos à condição de "consumidores", devem escolher. (Bourdieu, 1981, p.3-4)

Todo campo se define pela imposição de critérios próprios de avaliação da realidade, em especial pela fixação de objetivos que se apresentam como "naturais" para aqueles que deles participam – neste caso, a busca do poder político.

Assim, o campo seria "um universo obedecendo a suas próprias leis", expressão que sintetiza a autonomia, que todo campo almeja, e o fechamento sobre si próprio, que caracteriza a todos. Mas trata-se de um caso-limite, praticamente de um tipo ideal. Campos altamente especializados e pouco dependentes de investimento financeiro, como o da matemática, tornam-se impenetráveis para os profanos e podem almejar uma autonomia quase completa. Todos os outros estão sujeitos a um grau significativo de influência, quer do mercado, quer do Estado, quando não da mídia.[3] Dinheiro e poder (as "moedas sistêmicas" de Habermas, para fazer uma aproximação que não seria do agrado de Bourdieu), além da visibilidade pública que dá acesso a ambos, encontram brechas para relativizar as pretensões de hierarquização própria dos campos sociais. Bourdieu nunca chegou a empreender sua prometida análise do Estado como "metacampo", vinculado a um "campo do poder", diferente do campo político e no qual se desenrola a luta pela valorização relativa dos diferentes tipos de capital e pela imposição do "princípio

---

3 A autonomia do campo não está relacionada a seu potencial de influência sobre outros campos. A matemática, altamente autônoma, pouco exerce influência sobre outros campos. Mas o jornalismo, com elevado grau de heteronomia, já que sujeito a interferências tanto do campo econômico quanto do político, possui crescente influência sobre a cultura, a política e muitas das ciências (ver Bourdieu, 1996, 2005).

CONSENSO E CONFLITO NA DEMOCRACIA CONTEMPORÂNEA 121

de dominação dominante" (ver Bourdieu, 1989, p.375-6).[4] Assim, não incorpora de maneira sistemática esse fenômeno em seus modelos, talvez também pela ausência de uma preocupação mais focada na economia política, como afirmam seus (em geral, simpáticos) críticos marxistas (Callinicos, 1999; Quiniou, 2000 [1996]; ver tb. Calhoun, 1993, p.68-9).

O fechamento sobre si próprio encontra limites particularmente claros no caso da política, que em intervalos regulares precisa se abrir para os simples eleitores. É claro que as posições no campo político estão longe de ser um reflexo das votações recebidas. Basta lembrar de tantos jogadores de futebol, apresentadores de televisão ou cantores, que são campeões de voto, mas se resignam a ocupar um lugar menos do que secundário no Congresso e permanecem como *outsiders* no campo político, enquanto capitalistas, acadêmicos ou militares podem ter elevada influência sem sequer disputar eleições. O capital político é uma forma de capital simbólico, isto é, dependente do reconhecimento fornecido pelos próprios pares. Como todos, em certos momentos-chave, lutam por votos, a popularidade contribui para tal reconhecimento, mas não é o único determinante.

De maneira muito genérica, é possível dizer que os campos põem em funcionamento dois mecanismos principais e interligados que garantem o reconhecimento para os ocupantes de suas posições centrais. Em primeiro lugar, a exclusão, que estabelece um dentro e um fora, separando, do grupo daqueles que pertencem ao campo, a massa dos que não pertencem (os "profanos"). A violência simbólica faz que os excluídos internalizem sua própria impossibilidade de acesso, passando a vê-la não como um signo de injustiça, mas

---

4 Suas aulas sobre a questão, no Collège de France, foram publicadas postumamente sob o título *Sobre o Estado* (Bourdieu, 2012). Elas têm um caráter fragmentário e o esforço principal não é de construção teórica, mas de diferenciação em relação às contribuições prévias. Não cabe, aqui, fazer a crítica dos problemas da abordagem de Bourdieu nessas aulas, que me parecem muitos, mas apenas anotar que não suprem a lacuna de sua prometida obra sobre o Estado.

de uma incapacidade pessoal. Em segundo lugar, e agora dentro do campo, há a circularidade da atribuição de capital simbólico. Isto é, ser mais dotado de capital simbólico significa também maior capacidade de atribuir, com seu reconhecimento, capital aos outros integrantes do campo.

O ingresso em qualquer campo, na visão de Bourdieu, depende da disposição para jogar o jogo tal como ele é jogado, isto é, da interiorização do *habitus* próprio daquele espaço social. Apesar dos evidentes pontos de contato, o *habitus* de Bourdieu não pode ser reduzido ao paradigma, no sentido de Kuhn, ou à episteme, no sentido de Foucault. Mais do que um esquema mental de entendimento da realidade, ele consiste em uma matriz de disposições para agir, que define o caráter das apostas e das ambições "individuais". É um conhecimento de caráter muito mais prático e, também, de abrangência mais localizada, uma vez que cada campo social projeta seu próprio *habitus*.

Na qualidade de "campo incorporado", o *habitus* é um mecanismo essencial de reprodução das estruturas. Exige uma concordância de base com os critérios de hierarquização, sob pena de exclusão. E marca, com clareza, a linha divisória que separa os que pertencem ao campo daqueles que ficam fora dele.

## Transformação e adaptação

O recurso ao conceito de "campo político" permite compreender que a disputa política não se inicia nem termina nos espaços institucionalizados de tomada de decisão. Mas também evita a ideia de que "tudo é política", que retira da política qualquer especificidade e a torna coextensiva à própria sociedade. O espaço da política não é dado: é construído historicamente e moldado e remoldado de acordo com os embates entre os agentes. Também não é um espaço oco. É um campo estruturado, com sua hierarquia de influência, que privilegia determinadas posições e barra a entrada de quem não aceita seus determinantes.

CONSENSO E CONFLITO NA DEMOCRACIA CONTEMPORÂNEA 123

O recurso à noção de *habitus*, por sua vez, enfatiza o processo de adaptação aos imperativos do campo. Bourdieu descreve o *habitus* do político como "esta espécie de iniciação [...] que tende a inculcar o domínio prático da lógica imanente do campo político e a impor uma submissão de fato aos valores, às hierarquias e às censuras inerentes" ao campo (Bourdieu, 1981, p.6; ênfases suprimidas). Ou seja, a política, como qualquer outro campo, possui uma forte dinâmica de reprodução de suas próprias assimetrias.

À luz desse entendimento, é possível perceber que qualquer projeto de transformação política deve levar em conta os fatores de conservação das práticas e das hierarquias. As apostas na abertura dos espaços decisórios aos grupos em posição subalterna, que mobilizam boa parte dos movimentos em favor da igualdade, servem como um primeiro exemplo (cf. Miguel, 2014a, cap.7). O entendimento de base, acertado, é que a composição dos círculos dirigentes espelha muito mal a diversidade social e que isso possui consequências daninhas para a democracia. Assim, buscam-se mecanismos de ampliação da presença dos grupos marginalizados nos espaços de poder, na forma de cotas ou de outras formas de "empoderamento", sob a bandeira da incorporação ao processo deliberativo de novas vozes ou de novas perspectivas sociais, no sentido que Young (2000) dá ao termo.

Mesmo reconhecendo a importância dessa incorporação, sob o ponto de vista do aprofundamento da democracia, não se pode depositar nela mais esperanças do que aquelas que ela é capaz de oferecer. Dois aspectos devem ser considerados. Em primeiro lugar, não se elimina a separação entre a minoria politicamente ativa e a massa de profanos, condenados à posição de espectadores. O fato de que o grupo dirigente se torna mais parecido, em alguns aspectos socialmente relevantes, com o conjunto dos governados não anula o fato de que essa distinção – própria da constituição da política como *campo*, com uma fronteira entre o dentro e o fora – permanece e representa a primeira violação do princípio democrático de igualdade.

Em segundo lugar, a visão ingênua das virtudes da política de presença tende a ver a política como um espaço vazio, a ser ocupado por aqueles que nele ingressam. Se entendemos a política como campo, sabemos que não é assim. O campo político exige constantemente a adaptação à sua lógica e às suas práticas, punindo aqueles que resistem (relegando-os a posições secundárias, frustrando seus esforços de exercer influência, folclorizando seus discursos) e premiando os que se curvam. É necessário saber construir um problema como "político", incorporar-se ao jogo de reconhecimentos e concessões, aceitar a hierarquia de cargos e postos.

A exigência do domínio de determinadas ferramentas discursivas revela, a um só tempo, ambos os limites da incorporação das vozes subalternas aos espaços decisórios. Como diz Bourdieu,

> a linguagem dominante [no campo político] destrói, ao desacreditá-lo, o discurso político espontâneo dos dominados: não lhes deixa outra opção que não o silêncio ou a linguagem emprestada, cuja lógica não é mais a do uso popular, sem ser a do uso culto, linguagem enguiçada, onde as "palavras elevadas" estão presentes apenas para assinalar a dignidade da intenção expressiva e que, nada podendo transmitir de verdadeiro, de real, de "sentido", priva aquele que a fala da experiência mesma que julga exprimir. (Bourdieu, 1979, p.538)

Ou seja: o "discurso político espontâneo dos dominados" é desacreditado simbolicamente por falhar nos critérios de elevação do léxico, de respeito à norma linguística culta (ou, ao menos, de observância dos desvios *legítimos* dessa norma) ou de apresentação na forma de "argumentos racionais" e, de preferência, aparentemente desinteressados. São critérios relativos àquilo que garante a respeitabilidade necessária para que um discurso seja de fato ouvido no campo político. A capacidade de produzir um discurso que preencha essas expectativas, porém, é desigualmente distribuída entre os diferentes grupos sociais – mesmo porque essas expectativas já são, elas próprias, um efeito das assimetrias que contribuem para excluir determinados grupos.

CONSENSO E CONFLITO NA DEMOCRACIA CONTEMPORÂNEA 125

Até elementos à primeira vista irrelevantes, como o timbre de voz ou o sotaque, servem, em situações reais de fala, para desqualificar os integrantes de grupos minoritários (Bickford, 1996, p.97-8). O fechamento do leque de modos de discurso legítimo é reforçado por inúmeras instâncias dentro do campo político ou associadas a ele, como é o caso, em particular, dos meios de comunicação de massa (Biroli; Miguel, 2012).

Os representantes dos grupos dominados, quando ingressam no campo político, se veem diante de um dilema. Podem insistir em sua dicção própria, em sua agenda própria, em seu enquadramento próprio, gerando um discurso com pouca legitimidade no campo, portanto com muito menos potencial de efetividade. Ou podem tentar mimetizar os modos de fala e as tematizações dominantes, na busca de uma aproximação que lhes torne interlocutores legítimos, mas que leva, em alguma medida, a trair a experiência vivida que se desejava expressar e a contribuir para a reprodução das estruturas que excluem a eles próprios.

Questionamentos semelhantes podem ser dirigidos tanto à corrente deliberacionista quanto à aposta no revigoramento da democracia pela profusão de novas instâncias de participação. O deliberacionismo, em sua formulação primitiva, atrelava a legitimidade das decisões políticas ao fato de terem sido tomadas por aqueles que estariam submetidos a elas, por meio do "raciocínio público livre entre iguais" (Cohen, 1998, p.186). Desde então, a corrente tem sofrido uma constante evolução, que pode ser descrita, em linhas gerais, como a desidratação de seu caráter crítico e a crescente acomodação com as instituições da democracia concorrencial liberal. Permanece, como elemento constante, a fé nas virtudes do debate racional, que produziria – como que naturalmente – anticorpos contra discriminações, assimetrias e arbitrariedades (ver o capítulo 1 deste livro).

Mas os mecanismos discursivos de deliberação pública também possuem vieses e favorecem o atendimento de determinado tipo de interesse. Os grupos com maior capital econômico ou cultural são privilegiados, dada a presença de desigualdades socialmente estruturadas quanto à capacidade de identificação dos próprios interesses, à capacidade de utilização das ferramentas discursivas e à capacidade de "universalização" dos interesses. Em vez de postular um espaço público aberto a todos e uma razão que se manifesta como qualidade humana genérica, é necessário questionar o que esse espaço público exige daqueles que nele ingressam e como se atribuem diferentes graus de legitimidade a diferentes formas, socialmente produzidas, de uso dessa razão.

Na leitura de Bourdieu, Habermas – a principal inspiração filosófica da corrente deliberativa – é um pensador idealista que retira das interações sociais seus elementos conflitivos, negando as relações de força presentes dentro das relações comunicativas (Bourdieu, 1997a, p.81). O conceito mesmo de espaço público, tal como brandido por Habermas e seus seguidores, contribui para fazer compreender

> que a ilusão epistemocêntrica que leva a fazer da universalidade da razão e da existência de interesses universalizáveis o fundamento do consenso racional encontra seu princípio na ignorância (ou na supressão) das condições de acesso à esfera política e dos fatores de discriminação (como o sexo, a instrução ou a renda) que limitam as condições de acesso não apenas, como tanto se diz, sobretudo a respeito das mulheres, a posições no campo político, mas, mais profundamente, à opinião política articulada [...] e, por meio dela, ao campo político. (Bourdieu, 1997a, p.81-2; ênfase suprimida)

Longe de equalizar as condições de participação no debate, os critérios deliberativos promovem a reificação de modos de discurso que beneficiam os grupos já privilegiados. Cabe lembrar que os grupos subalternos têm acesso menor aos espaços de produção social de sentido, tais como a escola e a mídia. Portanto, estão constrangidos a pensar o mundo, em grande medida, a partir de códigos emprestados, alheios, que refletem mal sua experiência e suas necessidades. Estreitamente ligado a isso há o fato de que eles possuem menor disponibilidade de tempo e espaços próprios nos quais poderiam pensar seus interesses e, talvez, construir projetos polí-

CONSENSO E CONFLITO NA DEMOCRACIA CONTEMPORÂNEA 127

ticos coletivos. Por fim, os grupos dominados possuem uma perspectiva limitada do mundo social, típica de uma vivência à qual é negada a possibilidade de participação nas principais tomadas de decisão, tanto políticas como econômicas, enquanto os dominantes têm acesso a uma visão de conjunto (Bourdieu, 1979, p.520). Como resultado, possuem também uma capacidade reduzida de universalização dos próprios interesses.

Isto se deve, em primeiro lugar, à premência de suas demandas específicas, que os faz exigir mudanças imediatas, com beneficiários e prejudicados muito evidentes, como é o caso das políticas redistributivas ou de ação afirmativa (ver Young, 2001). Deve-se, também, ao fato de que os interesses de tais grupos se posicionam contra as visões de mundo hegemônicas, e precisam realizar o esforço extra de desnaturalizar categorias sociais e propor modelos de sociedade alternativos. O resultado é que a retórica universal tende a ser monopolizada por alguns grupos, enquanto outros têm suas preocupações estigmatizadas como "particulares, parciais ou egoístas" (Bickford, 1996, p.16).

Fica claro que o modelo deliberativo postula uma forma legítima de produção de decisões coletivas – legítima por preencher seus próprios critérios, de inclusão de todos os envolvidos e de ausência de desigualdade formal e de coação –, mas ignora vieses que viciam seus resultados. De forma similar à igualdade nas eleições, proclamada pela máxima "um homem, um voto", o mero acesso de todos à discussão é insuficiente para neutralizar a maior capacidade que os poderosos têm de promoverem seus próprios interesses.

Chegamos então às novas instâncias participativas. O Brasil ocupa posição de destaque na "experimentação democrática" das últimas décadas, com mecanismos inovadores como os orçamentos participativos ou os conselhos gestores de políticas públicas, saudados pelo mundo afora. À literatura francamente laudatória inicial sucedeu-se um conjunto de análises com uma consciência bem mais aguda dos problemas e das limitações dessas experiências. Ainda assim, duas observações precisam ser feitas. Em primeiro lugar, esses espaços não se estabelecem num descampado institu-

128  LUIS FELIPE MIGUEL

cional. Estão em relação direta com as formas tradicionais de tomada de decisões políticas. Quanto menos efetivos se mostram, mais
provável é que se mantenham como "alternativos" e descolados dos
imperativos do campo político. Mas à medida que passam a exercer
algum tipo de poder real, maior é a tendência de que reproduzam
em si os conflitos presentes nas instituições tradicionais e de que
os critérios de ingresso e hierarquização do campo neles se mani-
festem. A experiência dos orçamentos participativos é elucidativa
nesse sentido (cf. Fedozzi et al., 2013).

Em segundo lugar, muitas dessas instâncias tendem a operar segundo uma "lógica de substituição".[5] Organizações da sociedade
civil, mais qualificadas para utilizar as ferramentas discursivas necessárias em fóruns como os conselhos gestores ou outros espaços
de interlocução, tornam-se porta-vozes autoinstituídos de populações às quais faltam essas competências. Se isso pode gerar um aumento de efetividade no provimento das *necessidades* (identificadas
como objetivas, por observadores externos) dessas populações, ao
mesmo tempo representa uma grave perda de autonomia para elas,
no processo de construção de seus interesses (entendidos como *sub-
jetivos*, ainda que vinculados às condições objetivas de vida) e visões
de mundo, e um reforço da estrutura de exclusão própria do funcionamento da política em nossas sociedades.

Por fim, vale a pena lançar um olhar sobre o caminho que, a partir dos anos 1990, o próprio Bourdieu esboça – é verdade que muito
frouxamente – para superar a dominação. Em paralelo com a psicanálise, que nos libertaria das pulsões inconscientes revelando-as a
nós, uma socioanálise cumpriria função similar em relação aos imperativos sociais. Nas palavras de um comentarista e colaborador
de Bourdieu,

a socioanálise pode, trazendo à luz o inconsciente social inscrito nas
instituições tanto quanto no mais profundo de nós, oferecer-nos

---

5  Alguns dos aspectos relevantes da discussão foram desenvolvidos no capítulo
2 deste livro.

CONSENSO E CONFLITO NA DEMOCRACIA CONTEMPORÂNEA **129**

um meio de nos liberar deste inconsciente que conduz ou constrange nossas práticas. (Wacquant, 1992, p.39-40)

Combinam-se, aqui, ecos da visão hegeliana da "liberdade como consciência da necessidade" e da visão messiânica sobre o ofício do sociólogo, que Bourdieu cultivou nas suas últimas obras: "a 'verdade' sociológica [...] possui uma violência tal que fere; ela faz sofrer e, ao mesmo tempo, as pessoas se liberam deste sofrimento remetendo-o àquilo que aparentemente o causa" (Bourdieu; Chartier, 2010, p.21-2).[6]

O resumo de Wacquant sugere que, como resultado da objetivação das condições sociais do agente cognoscente, poderíamos alcançar uma consciência transcendente e não situada. A maior parte – e também a parte mais interessante – da obra de Bourdieu nega essa possibilidade, que, no entanto, se insinua nos reclamos dos anos 1990 por uma *"Realpolitik* da razão" (1992a, 1992b, 1994, 1997a, 1997b) e por um "corporativismo do universal" (1992a), o que uma leitura pouco complacente veria como um namoro envergonhado com o positivismo.[7] É a aposta que está presente no discurso didático-militante de Bourdieu (1996, 1998b), na luta contra o desmonte do Estado de bem-estar e a precarização do trabalho. No entanto, de uma maneira mais sofisticada, podemos pensar que se trata antes de buscar algum tipo de controle dos constrangimentos socioestruturais que ocorre *de dentro* de uma posição constituída por esses mesmos constrangimentos – o que, aliás, se adapta mais ao paralelo com a psicanálise.

---

6 Trata-se da transcrição de uma série de entrevistas radiofônicas que Roger Chartier fez com Bourdieu em 1988, publicadas muitos anos depois.

7 Ainda que, ao menos no registro mais elaborado de seu discurso, permaneça crítico do "sonho positivista de uma perfeita inocência epistemológica" (Bourdieu, 1993, p.905), ele não se furta a comparar a intervenção dos sociólogos na discussão sobre o mundo social à intervenção dos físicos em relação à construção de pontes (Bourdieu, 2000a, p.43). Para uma discussão crítica das noções de *Realpolitik* da razão e corporativismo do universal, ver Sintomer (2006).

130 LUIS FELIPE MIGUEL

De qualquer forma, "nós nascemos determinados e temos uma pequena chance de terminarmos livres; nós nascemos no impensado e temos uma pequenina chance de nos tornarmos sujeitos" (Bourdieu; Chartier, 2010, p.40). Essas pequenas chances residiriam no trabalho sociológico. O que torna possível essa conclusão tão surpreendente é a ênfase, antes apontada, que Bourdieu dá ao reconhecimento *pessoal* na economia da dominação. O desvelamento dos mecanismos que permitem que alguém obtenha determinados capitais que são inalcançáveis a outros solapa, de fato, as bases da violência simbólica, entendida como interiorização da inferioridade socialmente construída.

Mas a dominação não se resume a isto. Está fundada na repressão efetiva ou antecipada (como aponta Scott), bem como no desigual acesso à riqueza, vinculado à estrutura de propriedade e à exploração do trabalho. Os filtros colocados em funcionamento nos diferentes campos sociais, que vedam o acesso a determinadas posições, exercem seu efeito constrangendo materialmente, não apenas simbolicamente, as possíveis trajetórias dos diferentes agentes. A consciência dos determinantes sociais implicados na própria produção da consciência pode contribuir para a elaboração de estratégias emancipatórias, mas não pode ser considerada, em si mesma, uma libertação.[8]

## Resistir à dominação

Discutindo o funcionamento do campo científico, Bourdieu observou como o "desinteresse" que marca o trabalho voltado à

---

8 Por outro lado, é possível usar a consciência dos mecanismos que geram as assimetrias como uma espécie de aprendizado para lançar mão deles de forma eficaz, em proveito próprio, sem desorganizá-los. (O próprio Bourdieu reclama, em algum lugar, daqueles que viam em *A distinção* algo como um manual de alpinismo social.) Ou seja, não existe relação necessária entre consciência e ação emancipadora. Tomar ciência da dominação não é necessariamente dar à luz um combatente. Devo a atenção a esse ponto a Flávia Biroli.

CONSENSO E CONFLITO NA DEMOCRACIA CONTEMPORÂNEA **131**

produção do conhecimento é interessado, isto é, os agentes se encontram em permanente competição por posições de prestígio e reconhecimento. Mas o campo é capaz de controlar essa competição de forma que ela se organize sempre em continuidade com a busca, aparentemente desinteressada, pela verdade científica:

> Se você quer triunfar sobre um matemático, é necessário fazê-lo matematicamente, pela demonstração ou pela refutação. Evidentemente, há sempre a possibilidade de que o soldado romano corte a cabeça de um matemático, mas isso é um "erro de categoria", como diriam os filósofos. [...] Um tal triunfo não é um triunfo, de acordo com as normas próprias do campo. (Bourdieu, 1997b, p.25)

Mas no campo político a solução de decapitar o adversário pode, em muitas circunstâncias, representar um triunfo efetivo.[9] A violência pode estabelecer uma nova ordem *de facto*, que só depois vai produzir sua própria legitimidade. O capital político é uma forma de capital simbólico, uma vez que a autoridade de indivíduos e instituições depende fundamentalmente da crença socialmente difundida de que eles possuem autoridade, mas não se resume ao simbólico. Sua base é o controle de determinados recursos de poder. Não da mesma forma que se diz que há uma base material oculta (tempo livre, acesso a bens) em todas as outras formas de capital simbólico (Bourdieu, 2000b [1972], p.376; 1980, p.223). No caso da política, o controle desses recursos de poder tem a possibilidade de, sob determinadas condições, converter-se *diretamente* em capital político – entendido, como diz Bourdieu, como a capacidade de gerar efeitos políticos.

---

9 No campo científico, também se pode distinguir um tipo de capital "institucional", vinculado a cargos, cátedras, prêmios etc., diferente do capital científico "puro". Em relação ao primeiro tipo de capital, a eliminação física dos concorrentes também pode surtir efeito. Mas trata-se exatamente do elemento *político* do capital científico. Para uma descrição dos dois subtipos de capital científico, ver Bourdieu (1997b, p.28-36). Agradeço a Regina Dalcastagnè por ter chamado minha atenção sobre esse ponto.

132 LUIS FELIPE MIGUEL

Essa leitura "maquiaveliana" do campo político, por assim dizer, permite situar os desafios à transformação das práticas políticas. A estrutura do campo reflete a distribuição dos recursos de poder e contribui para preservá-la. Ignorar a força dos mecanismos de reprodução não os elimina, nem os reduz. O voluntarismo que marcou e marca muitos esforços de transformação social implica uma cegueira deliberada aos mecanismos de cooptação, às formas de renascimento de padrões oligárquicos dentro de organizações que pretendiam combatê-los e à necessidade de estabelecer contrapesos até mesmo para as instâncias mais "puras" e bem-intencionadas de exercício do poder (como as revoluções do século XX demonstraram de maneira trágica).

Aceitar o fato de que a dominação tende a reproduzir-se mesmo quando parece transformar-se não significa resignar-se a ela. O campo é sensível às ações daqueles que o integram, o que corresponde ao entendimento de que o *habitus* não é uma forma de replicação de papéis sociais, como nas teorias simples de socialização, mas uma matriz de disposições para agir que é receptiva às opções estratégicas (embora socialmente constrangidas) do agente. O importante é entender que ação individual estratégica e incorporação dos constrangimentos estruturais não se excluem, mas se constituem mutuamente e, assim,

> a noção de *habitus* restitui ao agente um poder gerador e unificador, construtor e classificador, sempre lembrando que essa capacidade de construir a realidade social, ela mesma socialmente construída, não é a de um sujeito transcendental, mas a de um corpo socializado, investindo, na sua prática, princípios organizadores socialmente construídos e adquiridos no curso de uma experiência social situada e datada. (Bourdieu, 1997a, p.164; ver tb. Bourdieu, 1979, p.545)

As lutas por alcançar as posições centrais do campo são também lutas relativas à estrutura do campo, na medida em que cada agente tem interesse em moldá-lo de forma que suas características próprias sejam mais vantajosas naquele espaço. Por exemplo:

CONSENSO E CONFLITO NA DEMOCRACIA CONTEMPORÂNEA **133**

a incorporação de perspectivas diferentes encontra obstáculos no fato de que o campo político exige a aceitação de sua própria lógica, como visto acima, mas a presença de integrantes de grupos subalternos gera tensões que podem levar o campo a reconfigurar-se de maneira a admiti-los – ainda que, ao menos de início, em posições periféricas.[10]

Ao mesmo tempo, é relevante o fato de que o campo político encontra limites bem claros à tendência de fechamento em si mesmo. Para operar, qualquer regime político precisa obter uma base de legitimidade, mesmo que inicialmente fundada no temor à repressão. Nas democracias concorrenciais, esse processo é ainda mais evidente. A necessidade de abertura aos "profanos" gera brechas que permitem que ecoem no campo da política movimentos que ocorrem em outros espaços sociais. Estratégias de "desmascaramento" ou exigências apresentadas *de fora* elevam os custos da manutenção da dupla moralidade política que conjuga disputa interessada pelo poder e afirmação da busca desinteressada por um "bem comum" (Bourdieu, 1994, p.244). Ao mesmo tempo, é a aposta na possibilidade de imposição, por meio dessas brechas, de uma lógica estranha à do campo político que explica a simpatia perene de Bourdieu pelos "irresponsáveis políticos" (Bourdieu, 2000a, p.55) e mesmo sua polêmica adesão à candidatura do comediante Coluche à presidência da França, em 1981, que lhe custou uma permanente necessidade de prestar explicações (Bourdieu; Chartier, 2010, p.50-1; ver tb. Pinto, 1998, p.217).

Essas práticas transgressoras são importantes porque rompem com a concordância imediata entre nossas categorias mentais e a nossa experiência num mundo social moldado a partir dessas categorias – a *doxa* (Bourdieu, 1979, p.549), base de uma legitimidade da dominação, que não é um ato consciente, como queria Weber,

---

10 É possível fazer uma aproximação com a ideia, presente na obra final de Poulantzas, de que o Estado é a "ossatura material" da luta de classes, espelhando não apenas a dominação de classe, mas as relações de força na sociedade (Poulantzas, 2013 [1978]). Sobre o ponto, ver Miguel (2014c).

mas reflexo desse acordo entre estruturas incorporadas e estruturas objetivas (Bourdieu, 1997a, p.211; ver tb. Bourdieu, 1994, p.126). Práticas alternativas contribuem para *desnaturalizar* a política tal como ela é.

Em conjunto, as duas características – sensibilidade do campo às ações dos agentes e fechamento incompleto em si mesmo – permitem vislumbrar caminhos de promoção da transformação democratizante da política. As tensões internas ao campo político, vinculadas à presença de novos agentes, devem ser articuladas às mobilizações às bordas do campo, que forçam as brechas e fortalecem as demandas por inclusão, modificando "a divisão do trabalho político de maneira a alargar o acesso ao sistema político, para que mais pessoas possam gerar efeitos neste campo" (Bourdieu, 2000a, p.74). Mas os próprios movimentos que demandam mudanças devem sofrer escrutínio crítico sobre seus mecanismos de diferenciação e hierarquização internos. E em vez de se pensar em "soluções" para os problemas da desigualdade política e, *a fortiori*, da dominação, deve-se ver um processo de resposta contínua a novos desafios, já que é própria dos mecanismos de reprodução a capacidade de acomodar aquilo que, momentos antes, aparecia como extremadamente alternativo. Entendido dessa forma, o "pessimismo da razão" empunhado por Bourdieu é um alerta contra as soluções fáceis e um auxiliar na construção de uma ação política transformadora que seja radicalmente efetiva.

# 6
## DEMOCRACIA E SOCIEDADE DE CLASSES

O casamento entre a economia capitalista e um ordenamento político democrático é o figurino que define, ao lado dos arranjos familiares fundados na dominação masculina, a "estrutura básica" das sociedades ocidentais e o modelo que projetam para o resto do mundo. Os mais entusiastas chegaram a ver, nessa combinação de capitalismo com democracia, o "fim da história", a organização social definitiva. Para o senso comum, para o discurso midiático e mesmo para boa parte da ciência social, é uma situação de fato, aceita nos seus próprios termos. É assim que, na maior parte das análises da ciência política, os constrangimentos impostos pelo capitalismo ao funcionamento dos regimes democráticos não são sequer tematizados.

De fato, o *mainstream* da disciplina acomodou-se plenamente ao entendimento da democracia que, tributário da virada schumpeteriana dos anos 1940, esforça-se por reduzi-la a um método de seleção de minorias governantes que nada, ou muito pouco, se conecta com uma ideia de soberania popular. Uma "democracia domesticada" (Miguel, 2014a, cap.2), em que os elementos de potencial atrito com a ordem capitalista foram eliminados.

A ressemantização sofrida pela palavra "democracia", para se acomodar a esse quadro, foi profunda. Mas o processo, como um

# 136 LUIS FELIPE MIGUEL

todo, condiz com a tendência das correntes majoritárias das ciências sociais, em geral, e da ciência política, em particular, à reificação da realidade existente. O que causa espanto, por outro lado, é que, no campo das percepções críticas em relação às democracias realmente existentes, a discussão sobre as consequências desse casamento também esmaeceu. Até meados da segunda metade do século XX, os democratas radicais demonstravam uma consciência aguda de que o ideal democrático se ajustava mal a uma sociedade de classes e que as desigualdades promovidas pelo capitalismo geravam graves obstáculos à disseminação de práticas democráticas genuínas.

Basta lembrar, por exemplo, da obra de Carole Pateman (1992 [1970]) ou de C. B. Macpherson (1978 [1977]), autores que identificavam, nas assimetrias de recursos materiais, de influência e de socialização entre trabalhadores e patrões, os principais obstáculos à realização das promessas da democracia. Mesmo entre autores liberais, tais problemas eram abordados. Robert Dahl, numa revisão de sua teoria pluralista, observava que o caminho para o aprofundamento da democracia passava necessariamente pela superação do capitalismo – segundo ele, na direção de alguma forma de economia autogestionária de mercado (Dahl, 1990 [1985]). Ou ainda *Uma teoria da justiça*, de John Rawls (1971), em que se afirma de forma expressa que os caminhos para a construção de uma sociedade justa (o que inclui, necessariamente, um ordenamento político democrático) são ou o "socialismo liberal" ou um capitalismo de pequenos proprietários, com nítidos ecos rousseaunianos, no qual as principais desigualdades do capitalismo estariam dissolvidas e a igualdade de classes seria estabelecida.[1]

Hoje não é mais assim. Os problemas da relação entre capitalismo e democracia estão – quando muito – relegados à nota de pé de página, mesmo entre aqueles que se apresentam como herdeiros

---

1 A posição de Rawls é complexa e sofre evolução ao longo de sua obra. No entanto, é inegável sua preocupação com os efeitos da desigualdade de classes – que orienta, por exemplo, a avaliação de que o *Welfare State* não atende aos princípios da justiça, por permitir excessiva desigualdade no controle dos meios de produção (Rawls, 2001, p.138).

CONSENSO E CONFLITO NA DEMOCRACIA CONTEMPORÂNEA **137**

das tradições do pensamento "crítico". A vinculação aos valores mais substantivos da democracia, que a afastam da mera concorrência entre elites, como a igualdade e a autonomia, parece prescindir hoje de um enfrentamento com a diferença de classes.

Não se trata apenas de uma manifestação da tendência de extirpar o conflito do nosso entendimento da democracia, substituindo-o pela busca de consensos, tal como discutido no capítulo 1. Afinal, mesmo as leituras consensuais da democracia reconhecem a existência de assimetrias sociais relevantes (de gênero, de raça etc.), que precisam ser enfrentadas. Mas, ainda nessa chave não conflituosa, as desigualdades próprias do capitalismo tomaram chá de sumiço.

## Consenso e acomodação

O refluxo da centralidade do conceito de classe, que ficou relegada a uma franja do pensamento político crítico, é explicado por movimentos paralelos – e evidentemente interligados – na realidade social e na reflexão teórica.

*A queda do Muro.* Um claro ponto de partida é a derrota histórica dos projetos emancipadores da classe operária, tanto na sua vertente comunista quanto na sua vertente social-democrata. O colapso do mundo soviético, no final dos anos 1980, atingiu mesmo os setores da esquerda que se opunham ao modelo stalinista. Pelo mundo afora, os partidos comunistas se extinguiram, se transformaram em partidos burgueses tenuamente reformistas ou se condenaram à irrelevância política.[2]

A derrocada da União Soviética também acelerou a crise da social-democracia e do modelo de capitalismo com bem-estar social

---

2 O caso mais emblemático é o do Partido Comunista Italiano, o maior partido comunista do Ocidente, propulsor da corrente "eurocomunista" crítica à União Soviética, que contava com o apoio de cerca de um terço dos eleitores da Itália. Em 1991, o PCI se transformou no Partido Democrático da Esquerda (PDS), que passou a ser, em 1998, o Democratas de Esquerda e, em 2007, através de fusão com outras agremiações, o Partido Democrático, já firme-

138  LUIS FELIPE MIGUEL

por ela promovido – que, no entanto, possuía suas próprias raízes, vinculadas à chamada "crise fiscal do Estado" (O'Connor, 1973) ou, mais amplamente, às tensões entre as funções de acumulação e de legitimação (Offe, 1984 [1972]). Mas o fim do mundo comunista reduziu o espaço das opções reformistas nos países do Ocidente, reforçando a leitura de que a ameaça por ele representada contribuía, em alguma medida, para que a classe capitalista aceitasse políticas de apaziguamento do conflito distributivo. Sem a ameaça, a posição liberal recrudesceu e os partidos social-democratas caminharam rapidamente para a direita.

Embora a União Soviética estivesse longe de se constituir num modelo atraente, representava a indicação concreta de que a ordem econômica capitalista não era a única possível. Sem ela, o que resta são ou sobrevivências anacrônicas de um despotismo quase pessoal (Coreia do Norte) ou a dominação autoritária do partido comunista combinada a uma economia cada vez mais capitalista (China). Em suma, há uma crença na inevitabilidade da ordem capitalista, ao menos em nosso horizonte histórico.

Diante disto, grande parte dos projetos transformadores optou por uma espécie de evasão ao enfrentamento da questão das relações de produção. As propostas da esquerda das últimas décadas têm privilegiado a busca do aprimoramento do convívio político, emblematizado em rótulos como "multiculturalismo" ou "democracia deliberativa". Ainda que os debates lançados em torno dessas propostas toquem em questões de grande importância, geram fracos substitutos para o socialismo, por deixarem de lado a questão-chave da economia política, como observou Nancy Fraser (1997, p.2).

*A crise do marxismo.* Uma parte da explicação para essas mudanças está no avanço da crítica ao modelo monocausal de explicação do mundo social que caracteriza o marxismo. O caso do feminismo

---

mente ancorado no centro do espectro político e sem a pretensão de representar a classe operária. A ala esquerda do PCI, insatisfeita com a transformação em PDS, impulsionou a criação do Partido da Refundação Comunista, cuja votação oscila em torno de 5% do eleitorado italiano e que vive às voltas com sucessivas dissidências.

CONSENSO E CONFLITO NA DEMOCRACIA CONTEMPORÂNEA    139

é, nesse sentido, exemplar. Para as feministas liberais, tratava-se simplesmente de franquear às mulheres, em condições de igualdade, acesso às mesmas posições que os homens na esfera pública, o que implicaria reformulações profundas na organização da esfera doméstica. Mas uma parte importante do pensamento feminista se colocou a tarefa de definir sua relação com o marxismo e com o problema das classes sociais.

Uma posição feminista tem necessariamente que romper a visão caricata de que o sexismo é uma mera consequência do capitalismo (ou, de maneira mais ampla, da dominação de classe) e que, portanto, a luta pela emancipação das mulheres já estaria incluída na luta pela emancipação do proletariado.[3] O que se coloca é como articular as formas de opressão e dominação baseadas em classe com aquelas baseadas em gênero, reconhecendo que possuem bases independentes, mas que se interpenetram.

As tentativas de formulação de uma homologia simplista, que apresentava a exploração da mulher pelo homem em termos similares à do trabalhador pelo patrão (ver Hartsock, 1998 [1983]), não se sustentaram. A dominação masculina não é uma variedade "doméstica" da dominação de classe, nem se define pela extração de sobretrabalho, ainda que isso certamente ocorra. Para a presente discussão, mais importante do que identificar as especificidades das diferentes formas de opressão e dominação é o entendimento de que a nossa sociedade é simultaneamente capitalista e "patriarcal".[4]

---

3 O mesmo se poderia dizer da luta contra o racismo, já que ele, em certas leituras marxistas, existiria apenas por ser funcional para a dominação sobre os trabalhadores. Ou seja, o socialismo seria a panaceia que eliminaria automaticamente todas as formas de opressão. Uma versão mitigada (e recente) do argumento reconhece que sexismo e racismo são anteriores ao capitalismo, mas secundários porque foram incapazes "de tecer e desenvolver no planeta um sistema social integrado e coordenado de interdependências" (Altamira, 2008 [2006], p.27). No pensamento feminista, também se encontra por vezes a percepção de que o racismo é uma derivação do sexismo ou uma forma de "sexismo estendido" (Firestone, 1970, p.108; ver tb. Millet, 1969; Daly, 1973; Chodorow, 1978). Para uma crítica, cf. Spelman (1988).

4 Uso o termo entre aspas porque julgo que ele é anacrônico. O patriarcalismo corresponde a um tipo específico de organização política, vinculado

# 140   LUIS FELIPE MIGUEL

Se o feminismo dos anos 1980 alertava – de forma correta – que, sem atenção ao elemento "patriarcal", a compreensão do funcionamento do próprio capitalismo ficava comprometida, hoje talvez seja necessário lembrar que a análise da dominação masculina não pode ignorar o fato de que se dá numa sociedade capitalista.

Um dos aspectos em que se marcou, com mais clareza, a necessidade de levar em conta as formas cruzadas de opressão social foi a recusa à ideia de uma identidade única dos grupos dominados. Feministas indicaram como aquilo que contava como a experiência da classe operária era a experiência dos *homens* da classe operária (ver, por exemplo, J. W. Scott, 1999). Por outro lado, no seio do próprio feminismo se criticava a tendência a universalizar o ponto de vista das mulheres brancas de classe média (Spelman, 1988).

A crítica ao essencialismo decerto permanece, mas nela a classe nitidamente perdeu espaço para outras "diferenças". De fato, a desigualdade de classes se presta mal à celebração da diversidade humana, que é própria em muito do discurso sobre "as diferenças". A desigualdade de classes não é uma manifestação da diversidade de modos de ser capturada por uma estrutura social que os hierarquiza e submete uns a outros. É a expressão direta de uma assimetria no controle dos recursos materiais. Se há "diferentes tipos de diferenças", como diz Fraser (1997, p.204), então a de classes certamente está no grupo das que deveriam ser abolidas numa sociedade justa – até porque a diferença de classe pode funcionar como impedimento ou obstáculo à expressão de outras diferenças.

---

ao absolutismo, muito diferente das sociedades democráticas concorrenciais contemporâneas (cf. Elshtain, 1993 [1981], p.215). O casamento contemporâneo ocidental tampouco se adapta ao figurino do patriarcado, sendo melhor entendido como uma "parceria desigual" (Fraser, 1997, p.229), marcada pela maior vulnerabilidade das mulheres (Okin, 1989, p.138-9). Em suma, instituições patriarcais foram transformadas, mas a dominação masculina permanece. E uma parte importante dessa transformação é a substituição de relações de subordinação direta de uma mulher a um homem por estruturas impessoais de atribuição de vantagens e oportunidades (Fraser, 1997, p.234-5). Apenas na falta de uma alternativa suficientemente econômica, uso "patriarcal" para significar "estruturada pela dominação masculina".

CONSENSO E CONFLITO NA DEMOCRACIA CONTEMPORÂNEA  **141**

*A cooptação do proletariado.* Se uma parte da explicação para o recuo das classes tem a ver com a crítica ao modelo marxista de explicação monocausal, outra parte se liga a mudanças no panorama social do mundo capitalista desenvolvido, com a "acomodação" da classe operária à ordem vigente. Na leitura mais elaborada do fenômeno, a do filósofo francês André Gorz (1988), os trabalhadores permanentes em tempo integral, que formam o núcleo central da classe operária, mas são a minoria da mão de obra nas economias desenvolvidas, tornaram-se capazes de manter um padrão de consumo relativamente elevado e usufruir dos serviços fornecidos por uma massa de trabalhadores precários. O proletariado perde seu caráter revolucionário e se torna uma força social conservadora (Gorz, 1987 [1980]).

É importante observar que Gorz está analisando transformações na estrutura de classes dos países capitalistas centrais. Ele não adere à ideia de que as classes foram "superadas" (como faz, entre tantos outros, Rosanvallon, 1995). Pelo contrário, em que pese a aparente heterodoxia, sua análise é classicamente marxista, com a vinculação estreita entre a posição ocupada nas relações de produção e o projeto político que aquele grupo social abraça.[5] E, embora pinte o novo papel conservador da classe operária em cores fortes, não há em Gorz a frustração do intelectual de esquerda contra os operários que não fizeram a revolução com que ele sonhava.

Em muitas análises, há, de fato, uma confusão entre o reconhecimento da importância da análise de classes e a crença na missão emancipatória da classe trabalhadora. Afirmar a falência da segunda não implica descartar a primeira. É possível negar o caráter revo-

---

5 Falando da posição do marxismo mais ortodoxo, Ellen Meiksins Wood critica Gorz por "uma tendência a buscar a essência de um modo de produção no processo técnico do trabalho mais do que nas relações de produção" (Wood, 1998, p.16). Creio que é uma leitura incorreta, que ignora que o projeto de Gorz passava por demonstrar uma vinculação estreita entre as técnicas produtivas e a dominação de classe. Mas, acima de tudo, é uma questão *deslocada*: não está em questão a busca de alguma "essência", mas a identificação da dinâmica do conflito social, em uma formação social concreta.

142 LUIS FELIPE MIGUEL

lucionário do operariado, como faz Gorz, ou então recusar a noção de que projetos de transformação social estão necessariamente encarnados em determinadas classes sociais, e ainda assim admitir que a desigualdade de classes é central na estruturação das diferentes sociedades históricas e que a forma específica que essa desigualdade assume, no atual estágio do capitalismo, é crucial para o entendimento do mundo contemporâneo.

Os três elementos descritos até aqui correspondem, em linhas gerais, à crise da visão de uma sociedade alternativa ao capitalismo que se fundasse

> na centralidade ontológica da classe operária, na afirmação da revolução como momento fundacional [...] e na ilusão da possibilidade de uma vontade coletiva perfeitamente una e homogênea que tornaria inútil o momento da política. (Laclau; Mouffe, 1987 [1985], p.2)

É curioso observar que essa ilusão – projetada para a sociedade futura, com a superação das bases do conflito – ressurge na idealização de uma política organizada em torno dos valores do consenso, negadora, portanto, daquilo que ela possui de efetivamente político.

*A participação local.* Por fim, é necessário observar que, dissipadas as esperanças no surgimento de algum tipo de sociedade pós-capitalista, há uma espécie de euforia compensatória em torno de modelos localizados e limitados de participação popular. O Brasil ocupa uma posição de vanguarda, dada a "experimentação democrática" aberta após a Constituição de 1988 – orçamentos participativos, conselhos gestores de políticas públicas, conferências etc. Embora a literatura, hoje, tenha em grande medida superado o tom acrítico e laudatório de muito o que se produziu nos anos 1990, permanece a aposta de que nessas "novas arenas participativas" se concentram as melhores possibilidades de transformação social.[6]

---

6 Ver, por exemplo, os artigos reunidos em Avritzer (2011).

CONSENSO E CONFLITO NA DEMOCRACIA CONTEMPORÂNEA    143

Sem avançar um diagnóstico que dissipe as diferenças entre essas experiências e também sem negar que muitos desses espaços podem contribuir positivamente para o arejamento das instituições representativas, é possível observar suas limitações. Duas delas são importantes, no âmbito da presente discussão. Não há um projeto transformador, na medida em que tais arenas têm foco em questões específicas e, para operar, precisam considerar como dada a institucionalidade vigente. E o conflito distributivo é traduzido, frequentemente, numa disputa pelo controle dos recursos do Estado, desinflando a preocupação com as causas estruturais da desigualdade e com o próprio conflito entre capital e trabalho.

## Céu e terra

A ausência das classes no pensamento "crítico" sobre a democracia nos deixa, uma vez mais, com uma teoria que projeta um "céu político" desancorado de sua base material, conforme dizia Marx (2010 [1844]). Ele então dialogava com Bruno Bauer e o idealismo alemão, mas a denúncia dessa falta de vinculação entre o mundo material e a política é dirigida, muitas vezes, ao pensamento liberal. A afirmação da igualdade de direitos entre os indivíduos – direitos que por vezes são acompanhados de adjetivos tão altissonantes quanto "inalienáveis" – é acompanhada de uma absoluta despreocupação com as bases que possibilitam o usufruto de tais direitos.

No pensamento de Locke, tal manobra é transparente. O contrato social visa garantir os direitos naturais que estão ameaçados no estado de natureza, em particular o direito de propriedade que, na definição lockeana, inclui também o direito à vida e à integridade física. No momento seguinte, porém, trabalhadores e mulheres são afastados da esfera pública. Os contratos de trabalho e de casamento sacramentam relações de subordinação pessoal que seriam incompatíveis com o exercício dos direitos políticos. Ao mesmo tempo, na visão de Locke, esses dois contratos sinalizam a racionalidade inferior tanto de mulheres quanto de trabalhadores, que pre-

144 LUIS FELIPE MIGUEL

cisam se colocar sob a tutela de outros. Assim, a exclusão é tanto o efeito de contratos livremente firmados quanto a consequência de uma incapacidade natural; e trabalhadores e mulheres devem se colocar voluntariamente na posição de submissão à qual estão destinados por natureza (cf. Pateman, 1988). No liberalismo de Locke, a afirmação inicial da universalidade dos direitos é seguida pela explicitação de que alguns não poderão exercê-los.

É evidente que essa explicitação está ausente do discurso mais contemporâneo. Mas a separação entre o direito e as condições de usufruto permanece como um elemento central do pensamento liberal. Uma elaboração sofisticada da questão está na distinção entre "liberdade negativa" e "liberdade positiva", tal como formulada por Isaiah Berlin (1969). Enquanto a primeira se refere à ausência de coerção externa, em particular a coerção estatal, nas decisões sobre a própria vida, a segunda envolve a participação no autogoverno coletivo. Trata-se, como se vê, de uma reciclagem da velha oposição entre a liberdade dos antigos e a dos modernos, em linha bastante congruente com a célebre argumentação de Benjamin Constant, no começo do século XIX. Berlin não nega valor à liberdade positiva, que reconhece como um ideal digno de respeito. Mas confere uma primazia lexicográfica à liberdade negativa. Com isso, o autogoverno – a esfera da igualdade de direitos – fica limitado pela intocabilidade da autonomia individual privada, isto é, da esfera em que o exercício da liberdade é condicionado pelos recursos diferenciados disponíveis para os indivíduos.

Uma versão bem menos sofisticada do argumento, portanto bastante mais clara, é encontrada na obra de Hayek. Em sua crítica à ideia de que há necessidade de uma base material mínima para o gozo da liberdade, ele diz:

> É importante perceber a sutil alteração de sentido a que se submeteu a palavra liberdade para tornar plausível esse argumento. Para os grandes apóstolos da liberdade política, essa palavra significava que o indivíduo estaria livre da coerção e do poder arbitrário de outros homens, livre das restrições que não lhe deixavam outra

CONSENSO E CONFLITO NA DEMOCRACIA CONTEMPORÂNEA    145

alternativa senão obedecer às ordens do superior ao qual estava vinculado. Na nova liberdade prometida, porém, o indivíduo se libertaria da necessidade, da força das circunstâncias que limitam inevitavelmente o âmbito da efetiva capacidade de escolha de todos nós, embora o de alguns muito mais do que o de outros. [...] Liberdade neste sentido não passa, é claro, de um sinônimo de poder ou riqueza. (Hayek, 1990 [1944], p.49)

Trata-se exatamente disto – ou quase. A crítica à visão estritamente negativa da liberdade passa pelo entendimento de que um conceito robusto de liberdade envolve necessariamente elementos materiais, o "poder ou riqueza" que estão na base de toda ação humana. A vulnerabilidade à "coerção e poder arbitrário de outros homens", como diz Hayek, não pode ser limitada à autoridade política estatal sob pena de perdermos de vista a dinâmica real da dominação e da resistência na sociedade.

Com isso, não se deseja voltar à denúncia, própria de certa ortodoxia marxista, dos "direitos formais burgueses". O descompasso entre a fixação de direitos e a possibilidade de exercê-los de forma efetiva não significa que a existência de direitos é irrelevante. No mínimo, os direitos "formais" delimitam um ideal socialmente aceito e legitimam valores igualitários – em vez de denunciá-los como vazios, é possível tomá-los a sério e exigir que a ordem social os realize (Mouffe, 1992a, p.2). Além disso, mesmo que a possibilidade de desfrutá-los seja distribuída de forma assimétrica, as brechas que eles abrem para diversas formas de ação não são desprezíveis.

O direito de voto serve de ilustração. A conquista do sufrágio universal masculino enfrentou fortes resistências da classe dominante. O medo – espelhado nas esperanças de muitos socialistas do século XIX – era de que as classes trabalhadoras ou, mais genericamente, os pobres transformassem sua inequívoca vantagem numérica em poder político e promovessem uma redistribuição radical da riqueza e da propriedade. Mesmo um liberal progressista e esclarecido, como John Stuart Mill, que defendia o sufrágio universal

146 LUIS FELIPE MIGUEL

(incluindo até as mulheres), julgava necessário temperá-lo com um sistema de pesos que sobrerrepresentasse os mais ricos e instruídos (Mill, 1995 [1861]).

Como bem sabemos, o voto não gerou tais consequências. As vantagens dos grupos dominantes na organização de seus interesses políticos continuaram a se fazer sentir, inclusive nos momentos eleitorais. Pode-se dizer que o modelo liberal de eleição, em que cada cidadão é chamado a participar isoladamente, dentro de um quadro normativo de "votar com a própria consciência", privilegia a expressão de interesses individuais, em detrimento daqueles que precisam ser construídos coletivamente, na linha do que diziam Offe e Wiesenthal (1984 [1980]). E ainda que a concessão do direito de voto deslegitimou, automaticamente, outras formas, mais ofensivas, de expressão política popular, como observou Albert Hirschman. Afinal, por que fazer manifestações de rua, motins ou barricadas, se as demandas podem ser apresentadas por via eleitoral (Hirschman, 1983 [1982], p.121-6)?

Assim, o sufrágio universal não concretizou de fato a igualdade que prometia, emblematizada na divisa "uma pessoa, um voto". No entanto, ele reafirma, normativa e simbolicamente, a igual consideração devida a todos os cidadãos e a todas as cidadãs, a seus interesses e opiniões. Obriga a que os grupos sociais dominados sejam levados em conta no processo de tomada de decisões e pode permitir, como por vezes ocorre, que o jogo político dos dominantes seja desorganizado por surpresas que vêm de baixo.

Os direitos importam. Mas não bastam. Como evoquei Locke no começo da seção, caminho agora um pouco com Rousseau. Para ele, o problema a ser enfrentado pelo contrato social é a geração de uma liberdade e uma igualdade convencionais que repliquem a liberdade e a igualdade naturais, perdidas ao se deixar o estado de natureza. Mas a fixação da convenção não esgota a resolução do problema. A vigência da democracia depende de uma relativa igualdade de meios; na fórmula famosa, "que nenhum cidadão seja tão opulento que possa comprar outro e nenhum tão pobre que se veja constrangido a se vender" (Rousseau, 1964 [1757], p.391-2).

CONSENSO E CONFLITO NA DEMOCRACIA CONTEMPORÂNEA 147

Hannah Arendt observa que, no pensamento grego, a igualdade era um atributo da pólis, não dos homens. Era uma virtude da condição de cidadão, que se sobrepunha a uma natureza humana percebida como desigual (Arendt, 2011 [1963], p.59). Nossa noção predominante de direitos, por sua vez, tende a relacioná-los à ideia de uma igualdade, senão de méritos e talentos, ao menos de dignidade entre todos os seres humanos. Rousseau nos ajuda a lembrar que o aproveitamento desses direitos, portanto a afirmação efetiva da igual dignidade de todos, depende de condições que não podem ser pressupostas *a priori* – sua grande contribuição, como filósofo político, foi estabelecer a ponte entre os ideais cívicos e o acesso aos bens materiais, isto é, conectar céu e terra.

Todo esse longo e acelerado percurso, que em poucos parágrafos nos levou de Locke e Berlin a Rousseau e Arendt, visa chegar a esta conclusão: a organização social explicitada nas normas de uma sociedade só é dotada de pleno sentido quando conectada com as circunstâncias reais de vida das mulheres e homens que a habitam. Nenhuma teoria que permaneça presa ao céu dos ordenamentos abstratos, sem atenção às disparidades no controle dos diferentes recursos (materiais, informacionais, cognitivos, culturais, organizacionais, simbólicos), será capaz de fazer uma crítica consequente das sociedades contemporâneas.

Junta-se a isso a prevalência de uma postura de negação ou subestimação do conflito como elemento fundante da política, já referida no capítulo 1. É possível identificar, em muito da valorização das diferenças enquanto diferenças, nas correntes "progressistas" do pensamento contemporâneo, a "típica ilusão liberal de um pluralismo sem antagonismo", como diz Mouffe (2005c [2000], p.20). Mas o antagonismo está presente porque as diferenças estão intimamente ligadas a relações de dominação – que as atravessam ou, em muitos casos, as produzem. Caso se aceite que os conflitos vinculados às diversas relações de dominação devem ocupar posição de destaque em qualquer descrição da dinâmica social, então não é possível negar centralidade à desigualdade de classe, como um dos eixos desses conflitos.

## Capitalismo e os limites da democracia

É inegável que, nas últimas décadas, não há nenhum ordenamento social que se apresente como alternativa viável ao capitalismo. A tese de um "fim da história" foi barulhentamente aventada com a queda do Muro de Berlim – o casamento entre capitalismo e democracia concorrencial seria a forma definitiva de organização do mundo social e, na ausência de qualquer grande evento transformador, de qualquer batalha social ou política, nós estaríamos fadados a levar uma "vida de cachorro", que consistiria em comer e dormir (Fukuyama, 1992). Hoje, nem o próprio Fukuyama acredita nessa ideia. Mas, *mesmo que ela fosse correta*, mesmo que não fosse possível produzir qualquer alternativa ao capitalismo, isto não nos autorizaria a negar a continuada relevância dos limites que a ordem capitalista impõe à democracia.

A compreensão tradicional de democracia vinculava-a fortemente à igualdade entre os cidadãos (ainda que o preço a pagar fosse excluir muitos grupos do acesso à cidadania). É algo central na concepção clássica – de onde herdamos tanto a palavra quanto o imaginário associado a ela – e que prossegue, pelo menos, até os séculos XVIII e XIX. A igualdade define a natureza da democracia para Montesquieu; é a condição que a permite, para Rousseau, como já visto. E mesmo Tocqueville usa "igualdade" e "democracia" como termos intercambiáveis, quase sinônimos, em seu *A democracia na América*.

É bem verdade que Tocqueville, falando da posição da aristocracia em declínio, tende a focar na igualdade de *status* e a ver como secundárias as desigualdades materiais. Seu uso de "igualdade de condições" não corresponde precisamente àquilo que a expressão evoca nos debates contemporâneos. Ainda assim, suas páginas eloquentes sobre o amor democrático pela igualdade – que chega a tomar a forma de um *goût dépravé*, um gosto depravado (Tocqueville, 1992 [1835], p.59) – soam surpreendentes para quem tem em mente as democracias do século XXI.

O passo fundamental na conciliação entre democracia e desigualdade foi o esvaziamento do sentido da primeira, que pau-

CONSENSO E CONFLITO NA DEMOCRACIA CONTEMPORÂNEA    149

latinamente se reduz a um método de escolha concorrencial dos governantes – e não mais a um "governo do povo" –, que se pode descrever como um mercado político, homólogo ao mercado econômico. O ponto de virada, claro, foram os poucos capítulos dedicados ao tema por Joseph Schumpeter em seu *Capitalismo, socialismo e democracia* (1942). Genial como descrição legitimadora do regime político dos países ocidentais, a ressemanticização inspirada em Schumpeter cindiu em dois a própria apreensão de senso comum sobre a democracia, que hoje remete simultaneamente à soberania popular e à competição entre elites.

É com o entendimento mais robusto de democracia em mente, aquele que enfatiza a possibilidade de autonomia coletiva, no entanto, que se podem identificar as severas limitações que a ordem econômica capitalista impõe a seu florescimento. Os três itens que desenvolvo brevemente a seguir chamam a atenção por sua obviedade. Trata-se exatamente disto: de reafirmar o que é evidente e argumentar que ele merece consideração nas reflexões críticas sobre a sociedade atual.

*Dependência estrutural.* O monopólio dos proprietários privados sobre as decisões de investimento, que é um dos traços definidores do capitalismo, coloca o Estado na dependência de suas decisões. Afinal, o Estado sobrevive da arrecadação de impostos, que reflete o nível de atividade econômica, que, por sua vez, reflete o nível de investimento. Com isso, os governantes – independentemente de suas simpatias políticas – precisam introjetar os interesses do capital, garantindo uma situação que estimule a manutenção de taxas elevadas de investimento econômico (Offe, 1984 [1972]).[7] Não é necessária nenhuma conexão especial com a elite política, nem a apresentação de algum tipo de chantagem ou ameaça por parte da classe capitalista; a estrutura econômica garante que seus interes-

---

7  Políticas de tipo keynesiano, pelas quais o Estado assume a tarefa de induzir o investimento, servem de *confirmação* para essa afirmação. O que se diz não é que o Estado não interfere na atividade econômica, mas que sua interferência se faz tomando como dado inegociável a necessidade de valorização do capital.

ses receberão uma atenção privilegiada por parte dos detentores do poder de Estado.

Isso significa uma *redução* do escopo da soberania popular. Estão bloqueadas medidas que afetem os níveis de remuneração minimamente aceitáveis para o capital, por gerarem uma retração da atividade econômica que colocaria em risco todas as ações governamentais. Tais níveis variam de acordo com as circunstâncias, pois

> a posição de força dos empresários ou dos investidores inclui a capacidade de definir a realidade. Isto significa que aquilo que eles consideram como uma carga [de impostos] insuportável é efetivamente uma carga insuportável, que conduzirá, nos fatos, a uma queda da propensão a investir [...]. O debate sobre o fato de saber se o Estado "realmente" reduziu os lucros é, por esta razão, puramente acadêmico, pois os investidores estão em posição de realmente poder produzir, por suas próprias interpretações, um "estrangulamento do lucro" e os efeitos que o seguem. (Offe, 1997 [1984], p.84-5; ênfases suprimidas)

O que permite que decisões com tão evidente impacto coletivo permaneçam ao arbítrio de indivíduos privados é a separação entre economia e política como duas esferas distintas. Como bem demonstrou Ellen Meiksins Wood, essa divisão, da forma que nós hoje lemos como "natural", foi produzida pelo próprio capitalismo. Com ele, há a privatização das funções sociais de produção, distribuição, extração de mais-valia e apropriação, gerando uma esfera econômica diferenciada. A apropriação e a exploração capitalista transformam certas questões políticas essenciais, disputas sobre exploração e dominação antes ligadas ao poder político, em questões econômicas. Em suma, a diferenciação do econômico e do político no capitalismo é a diferenciação de atividades políticas em si, alocadas separadamente na esfera econômica privada e na esfera pública do Estado (Wood, 1995, p.31).

*Influência "pervasiva" do poder econômico.* As desigualdades de riqueza, que são resultado inevitável e esperado da dinâmica ca-

## CONSENSO E CONFLITO NA DEMOCRACIA CONTEMPORÂNEA 151

pitalista, tendem a se manifestar em todas as esferas sociais. Elas são "pervasivas", para usar um anglicismo necessário – permeiam tudo, infiltram-se em todas as relações sociais. E o campo político é particularmente suscetível à influência do poder econômico.

Um momento em que essa influência se manifesta com absoluta clareza é o das eleições. Os financiadores de campanha – empresas ou empresários – são atores centrais do jogo eleitoral; a capacidade de cortejá-los é item indispensável a quem deseja ascender às posições políticas de maior destaque. Riqueza se converte facilmente em crédito político.

Mesmo a campanha de Barack Obama à presidência dos Estados Unidos, em 2008, que é muitas vezes apresentada como exemplo de um novo padrão de financiamento político, revela a permanência da importância dos grandes contribuidores. Milhões de eleitores estadunidenses doaram pequenas quantias, de 200 dólares ou menos, que, no entanto, somaram apenas 26% do quase meio bilhão de dólares que custou a campanha de Obama nas primárias do Partido Democrata e, depois, nas eleições (Malbin, 2009, p.4). Num gesto amplamente divulgado, o candidato Obama abriu mão do financiamento público, mas não do dinheiro dos grandes doadores.

Ainda que fosse a única fonte de recursos, a "pequena" contribuição individual sinalizaria uma ruptura com a regra democrática de igualdade de influência política. Cada cidadã ou cidadão tem um único voto, com peso idêntico, mas quem contribui com 20 dólares ou reais vale o dobro de quem contribui com apenas 10. Uma leitura generosa pode tentar ver, aqui, um espaço para expressão das diferentes intensidades de preferências, às quais o mecanismo eleitoral é notoriamente insensível. Mas a conclusão é insustentável. A utilidade marginal dos reais ou dólares despendidos no financiamento eleitoral é uma função inversa da riqueza de cada um. Assim, os mais ricos pesam mais – porque contribuem mais – mesmo com preferências menos intensas.

Em muitos países, a legislação tenta reduzir a influência do poder econômico nas campanhas eleitorais, com menor ou maior rigor. A medida mais extrema é a proibição total de qualquer con-

152 LUIS FELIPE MIGUEL

tribuição privada, com o financiamento público exclusivo. Mesmo se uma regra desse tipo funcionasse sem falhas, o que está longe de ser garantido, a disparidade no controle dos recursos materiais permaneceria se fazendo sentir na esfera política.

Numa ponta, a privação material retira os recursos básicos para a ação política, tais como o acesso à informação e o tempo livre. Na outra, a influência da riqueza possui impactos que superam, e muito, o financiamento da campanha. *Antes* das campanhas propriamente ditas, o capital econômico já desempenha um papel fundamental na produção da "saliência" social – a possibilidade de individualização em meio ao público geral – que é tão importante na viabilização da liderança política, como observou Manin (1997, p.142-4). *Depois* dela, pavimenta caminhos de acesso aos funcionários eleitos, como também às burocracias permanentes, por meio de diferentes procedimentos de *lobby*.

E, ainda mais importante, *em todas as fases* do processo político – antes, durante e depois das eleições –, há o fato de que o capital influencia fortemente o fluxo de informações, dado que a mídia é, ao menos parcialmente, organizada na forma de empresas comerciais. O controle da informação significa a capacidade de determinar quais temáticas vão predominar na agenda pública, quais enquadramentos terão maior visibilidade, quais agentes serão os interlocutores do debate. Os "climas de opinião" assim produzidos impactam no resultado de eleições, em intervenções disruptivas da ordem política estabelecida e na tomada de decisões sobre questões controversas. A eleição de Fernando Collor em 1989, a deflagração dos golpes militares no Brasil em 1964 ou no Chile em 1973 e a derrota do primeiro governo Clinton na reforma da saúde pública nos Estados Unidos, na metade dos anos 1990, são exemplos dessas diferentes formas de influência de campanhas de mídia.

Não se trata de dizer que os meios de comunicação controlam a política ou que o controle privado na mídia implica o silenciamento completo de perspectivas divergentes na esfera pública. A relação entre a mídia e a política está longe de ser de mão única (Miguel, 2014a, cap.5) e o ambiente de informação é complexo, com entrelaçamentos entre emissoras comerciais, formas de comunicação pública, novas tecnologias e redes tradicionais (Biroli; Miguel, 2012). Mas os meios comerciais permanecem em posição central, por sua abrangência e penetração.

*Socialização inadequada dos trabalhadores para a ação política democrática.* Por fim, cabe observar que, sob relações de produção capitalistas, os trabalhadores recebem um treinamento que privilegia qualidades opostas àquelas exigidas para a prática da democracia. O contrato de trabalho submete o assalariado a uma relação vertical, em que seu papel é obedecer a ordens emanadas de seu empregador ou de seus prepostos. Isto é, o trabalho assalariado coloca os trabalhadores em situação de radical heteronomia. É o contrário da participação engajada na busca de soluções e da responsabilidade pelas próprias escolhas que caracterizaria, idealmente, os cidadãos e as cidadãs de uma democracia (Pateman, 1992 [1970]).

Se no local de trabalho o autoritarismo das relações representa um mau treinamento para a democracia, fora dele há outros constrangimentos que o afetam. Nas economias capitalistas contemporâneas, o trabalhador é tanto um produtor quanto um consumidor. O consumo de massa é vital para o funcionamento da economia – e é alimentado por um estímulo constante à ideia de consumo como meio de realização pessoal e também como compensação por frustrações em outros âmbitos, a começar pela própria produção (Gorz, 1988). O discurso de valorização da esfera privada é a contraface da estrutura que bloqueia os espaços de participação efetiva na esfera pública.

Em suma, qualquer tentativa de entender como são produzidos os interesses políticos – e também o interesse pela política – deve se debruçar sobre os padrões de socialização e sobre os incentivos diferenciados que partem do campo político e das estruturas sociais (Bourdieu, 1979). A afirmação abstrata da igualdade de participação ou a crença, que muitas vezes vem de contrabando, de que os diferenciais de envolvimento político são fruto de disposições individuais diversas elidem a questão essencial da fabricação social da presença política, na qual as relações de trabalho e consumo são um elemento significativo.

154 LUIS FELIPE MIGUEL

Em suma, a junção entre capitalismo e democracia envolve a acomodação entre esta última e a desigualdade econômica. A capacidade de mobilização e de influência política está ligada ao controle de recursos materiais; sua distribuição excessivamente assimétrica viola o princípio de igualdade política que é básico na democracia.

Parte dos problemas tem a ver com os padrões diferenciados de socialização dos indivíduos, de acordo com a posição nas relações de produção. Trabalhadores devem obedecer a ordens emanadas de seus patrões. Não têm incentivo para desenvolver habilidades de discussão e negociação, nem para ampliar seus horizontes para além de sua atividade laboral. Suas habilidades políticas precisam se desenvolver *fora* do e *contra* o espaço do trabalho.

Há também a parte que reflete a posição estrutural do capital, que faz seus interesses serem mais diretamente cruciais para o Estado do que os interesses do trabalho. A remuneração do investimento deve ser alta o suficiente para que os proprietários prefiram reinvestir, em vez de dilapidar o capital ou – alternativa cada vez menos custosa, em tempos de mundialização – transferi-lo para outro local.

Como observou Przeworski, democracia e mercado são mecanismos concorrentes de alocação de recursos. No mercado, as pessoas têm pesos desiguais, de acordo com aqueles recursos que já controlam. Suas decisões, embora possam vir a ter impactos indiretos significativos, afetam, em primeiro lugar, esses mesmos recursos. Na democracia, as pessoas possuem peso igual e expressam preferências relativas a recursos que não controlam privadamente. "Só por mágica os dois mecanismos podem levar a um mesmo resultado" (Przeworski, 1995 [1990], p.7).

É possível defender a tese que, diante desses dois mecanismos concorrentes, o mercado é superior à democracia. É o que faz toda a linhagem ultraliberal. Hayek (1990 [1944]) denuncia o apreço excessivo pela democracia, afirmando que ela é apenas um instrumento para a proteção da liberdade – que, para ele, se realiza no mercado. Nozick, com um de seus engenhosos silogismos, tenta provar que a democracia é simplesmente uma forma de escravidão

## CONSENSO E CONFLITO NA DEMOCRACIA CONTEMPORÂNEA 155

diante da coletividade (Nozick, 1974, p.290-2). Para David Friedman (1989 [1973]), decisões democráticas são homogeneizadoras, ao passo que o mercado garante o florescimento da diversidade.

Por mais equivocadas que sejam tais opiniões – que dependem de uma conceituação de liberdade cega aos constrangimentos materiais –, elas têm o mérito de afirmar abertamente o conflito potencial entre a democracia e o capitalismo. O que está em jogo, nessa discussão, é o valor da autonomia. O pensamento democrático traz o apelo normativo de que as regras que regem a vida em sociedade devem ser produzidas, coletivamente, por todos os que estarão submetidos a elas. Se decisões sobre uma esfera tão importante como a economia são monopolizadas por um pequeno grupo, então todo o projeto de autonomia coletiva está ameaçado.

A ideia de autonomia coletiva pode ser considerada inatingível, como diz Riker. As decisões coletivas seriam sempre potencialmente irracionais e passíveis de manipulação, o que ele demonstra por meio de uma série de modelos inspirados no paradoxo de Condorcet (Riker, 1982). Ou então pode ser considerada moralmente incorreta. É o argumento de Nozick, para quem o bem supremo é a autonomia individual, que, para ser resguardada, exige que as decisões sejam alocadas aos indivíduos privados. Seu célebre exemplo é o da mulher que decide com quem vai se casar. Sua decisão afeta todos os seus pretendentes, as pretendentes de seus pretendentes e assim por diante. Conclui-se que a regra de que devemos participar da tomada de decisões que nos afetam não pode ter validade (Nozick, 1974, p.269).

Já se argumentou que os paradoxos de Riker dependem da redução da democracia a uma fórmula de agregação de preferências fixas e prévias. Se acrescentamos momentos de debate, de negociação e de construção de alternativas, as "impossibilidades" da democracia se desvanecem (Mackie, 1998). Quanto a Nozick, aqui, como em outros momentos, sua estratégia de *reductio ad absurdum* depende da indiferenciação entre espaços sociais – se uma regra vale para um, tem que valer para todos. É mais difícil manejar um modelo de pensamento que conceda lugar à intimidade e à publicidade, à participação e à autonomia individual etc. Certamente as fronteiras nem sempre serão bem nítidas. Mas esse modelo lida melhor com uma realidade social complexa e nos permite distinguir entre um casamento e uma decisão de investimento. Uma simples diferenciação entre a pessoa e suas propriedades externas já dá acesso a essa distinção – mas ela também está fora do universo de Nozick.

A ideia de autonomia coletiva está no coração de qualquer compreensão normativamente íntegra de democracia. As desigualdades sociais significativas são aquelas que afetam o exercício dessa autonomia – e, dentre elas, a desigualdade de classe certamente ocupa uma das posições de destaque. É por isso que a ausência da preocupação com a desigualdade de classe retira das teorias "críticas" a capacidade de fazer uma análise consequente das democracias atuais.

Não é necessário postular que a desigualdade de classe é mais profunda, mais grave ou mais determinante do que outras formas de desigualdade social, como aquelas baseadas em sexo ou em raça/cor. O importante é entender que essas diferentes formas de assimetria e opressão, embora tenham bases independentes – no sentido de que não são derivadas umas das outras, nem explicadas por sua funcionalidade para a reprodução de outras desigualdades –, estabelecem uma transversalidade cruzada, em que seus efeitos se sobrepõem.

Hoje, parece mais fácil visualizar uma sociedade sem sexismo, sem racismo ou sem homofobia do que uma sociedade pós-capitalista. Talvez seja por isso que a insistência na relevância das classes soe *démodé* ou que se diga que nada se ganha comprovando a incompatibilidade entre capitalismo e democracia, "além de um ataque agudo de depressão" (Phillips, 1999, p.17). Mesmo assim, ainda que seja mais para indicar dificuldades do que soluções, a advertência sobre essa relevância permanece válida para qualquer projeto de democracia que se pretenda fiel a seu caráter emancipatório.

# 7
## Utopias do pós-socialismo

A acomodação da teoria política "crítica" com as desigualdades sociais vigentes, que expus em muitos dos capítulos anteriores, corresponde ao espírito da época. Segundo uma perspectiva que já faz parte do senso comum, vivemos o fim das utopias. O colapso do chamado "socialismo real", emblematizado pela queda do Muro de Berlim, há mais de quarto de século, deu força à ideia de que não existe no horizonte nenhuma alternativa viável ao capitalismo. Em suas diferentes variedades, unido a alguma forma de democracia eleitoral, ele seria uma condição inextirpável do mundo moderno. A esquerda voltou suas atenções para propostas de aprimoramento do convívio político, sob rótulos como democracia deliberativa (ou radical) e multiculturalismo. No entanto, como anotou Nancy Fraser (1997, p.2), tais propostas são fracos substitutos para o ideal do socialismo, uma vez que não enfrentam uma questão-chave, a economia política.

De fato, não há disponível nenhuma visão de sociedade alternativa com a penetração e a abrangência que o socialismo, em seus diversos matizes, demonstrou entre, digamos, 1880 e 1980. No entanto, estão em circulação inúmeras propostas utópicas, que reorganizam a vida social por inteiro. Algumas possuem certo impacto no debate político, sobretudo europeu, enquanto outras perma-

158 LUIS FELIPE MIGUEL

necem na condição de meras fantasias intelectuais. Nenhuma alcançou a mesma centralidade que o socialismo teve, o que se deve, talvez, menos à incipiência das formulações do que à ausência de conexões com um movimento social. Seu valor, muitas vezes, reside mais na indicação dos pontos problemáticos do ordenamento capitalista e no desafio de *pensar diferente* do que nas instituições propostas.

Este capítulo analisa quatro propostas utópicas, representativas de diferentes correntes de pensamento. Há um projeto de *socialismo de mercado*, cujo principal teórico é o cientista político estadunidense John Roemer, que busca combinar a pretendida eficiência econômica do mercado com a garantia de real igualdade social, que seria o coração ético do socialismo. Mais ousado, o filósofo franco-austríaco André Gorz quer realizar os objetivos do comunismo desenvolvido, segundo Marx, através de uma *sociedade de tempo liberado*. A universalização da possibilidade de dispor de tempo livre, entendido como tempo de não trabalho, também está no cerne das propostas de *renda básica universal*, que encontram diferentes versões e que examino aqui na obra de seu maior expoente, o economista belga Philippe van Parijs. De maneira muito mais provocativa, a filósofa britânica Barbara Goodwin concebe uma *sociedade lotérica*, em que todos os bens sociais seriam distribuídos de forma aleatória e provisória.

Todas as quatro propostas pertencem claramente ao campo da esquerda, na medida em que almejam realizar uma sociedade que amplie a igualdade material de seus integrantes, ficando ao menos implícito que a privação relativa gerada pela desigualdade é um obstáculo para o desfrute da liberdade. Todas também indicam – em maior ou menor medida, mas ao menos indicam – que é necessária uma intervenção estatal corretiva permanente, restringindo a esfera das trocas econômicas e, assim, impedindo o retorno da desigualdade.

Como contraponto, uma quinta utopia é acrescentada, correspondendo ao extremo oposto do espectro político. Os anarcocapitalistas desejam a *universalização do mercado*, que passaria a prover

CONSENSO E CONFLITO NA DEMOCRACIA CONTEMPORÂNEA  **159**

mesmo as funções estatais mais básicas, como justiça e seguran-ça.[1] Diferindo até de economistas ultraliberais como Ludwig von Mises, Friedrich Hayek, Milton Friedman e James Buchanan – que, no entanto, formam o alicerce intelectual da doutrina – e de filósofos como Robert Nozick, sem falar de figuras mais bizarras como a influente escritora de ficção científica e líder messiânica Ayn Rand, eles defendem a abolição do Estado. Embora a for-mulação mais elaborada esteja provavelmente na obra de Murray Rothbard, a melhor síntese foi formulada por outro economista es-tadunidense, David Friedman (filho de Milton Friedman).

## Justiça e utopia

Embora seja arriscado fazer esse tipo de avaliação sem um estudo prévio aprofundado, é razoável pensar que a carga semântica asso-ciada à palavra *utopia* é antes negativa do que positiva. À direita, há a célebre crítica de Karl Popper ao caráter inerentemente totalitário do pensamento utópico, que "tenta realizar um estado ideal, usando um projeto de sociedade como um todo; e isso exige o forte regime cen-tralizado de uns poucos" (Popper, 1974 [1945], vol. I, p.175). Uma crítica que vai reaparecer, por exemplo, em Ralf Dahrendorf, para quem a utopia "é, pela natureza da ideia, uma sociedade totalitaris-ta" (Dahrendorf, 1991 [1990], p.81); e que é desenvolvida sobretu-do por Robert Nozick, crítico do caráter uniformizante e inflexível da utopia, uma sociedade "estática e rígida, sem oportunidade ou expectativa de mudança ou progresso e sem oportunidade para que seus habitantes escolham novos padrões" (Nozick, 1974, p.328).

---

1 Uma observação terminológica: os anarcocapitalistas e outros fundamenta-listas do mercado gostam de chamar a si mesmos de *libertarians*, termo que no Brasil vem sendo traduzido por "libertários" (ou então pelo neologismo "libertarianos"). Mas a palavra evoca uma tradição política diversa, dos anar-quistas de esquerda, e contrabandeia a percepção ideológica de que as relações de mercado são por definição livres, com a opressão residindo no Estado. Por esses motivos, não será usada no texto.

160 LUIS FELIPE MIGUEL

À esquerda, o utopismo foi anatematizado por Marx, que o via como uma etapa anterior do pensamento operário, superada na época do socialismo científico. Enquanto os utopistas fantasiavam sobre a sociedade futura, Marx julgava que era necessário depreendê-la do movimento histórico real:

> Para nós, são utopistas aqueles que separam as formas políticas de seu fundamento social e as apresentam como dogmas abstratos e gerais. [...] O comunismo alemão é o inimigo mais determinado de todo utopismo e, longe de excluir o desenvolvimento histórico, ele se funda em primeiro lugar sobre tal desenvolvimento. (Marx, 1976 [1848], p.79)

Embora, no seio do socialismo ou mesmo do marxismo, seja possível encontrar pensadores que concedem uma valoração positiva à utopia, como Ernst Bloch, a vertente dominante parece ser a adesão ortodoxa ao campo oposto, da "ciência". A linguagem corrente, por sua vez, associa *utopia* e *utópico* predominantemente ao sentido de "irrealizável" e "quimérico".

Aqui, no entanto, uso o termo *utopia* de uma forma que se pretende agnóstica em relação à viabilidade das propostas de transformação da sociedade. Utopia adquire o significado de um norte para a organização/reorganização da estrutura social: "a visão de futuro sobre a qual uma civilização baseia seus projetos, estabelece seus objetivos ideais e constrói suas esperanças" (Gorz, 1988, p.22). A definição realça o aspecto de indeterminação histórica e o caráter normativo da proposta utópica. No sentido que Gorz empresta ao termo, uma utopia provavelmente não será passível de concretização plena. Mas é útil por fornecer diretrizes que orientam a produção de uma nova sociedade, mais próxima do ideal. A utopia direciona a ação política e potencializa a insatisfação com o mundo existente.

Um crítico da utopia – nesse sentido da palavra – pode argumentar que a busca do ideal inatingível acaba por fechar os olhos do utopista para ações mais corriqueiras que podem surtir efei-

CONSENSO E CONFLITO NA DEMOCRACIA CONTEMPORÂNEA **161**

tos benéficos no imperfeito mundo concreto (Nove, 1989 [1983], p.364-5). A resposta a esse comentário passa pela demonstração do caráter realista da utopia, que deve ser uma extrapolação a partir de um movimento real. Por outro lado, é preciso observar que a denúncia do caráter totalitário da utopia, feita pelo pensamento conservador, exclui, ela própria, o dever-ser da esfera política. Como afirma um historiador do pensamento utópico,

> a invenção utópica se mostra cúmplice da invenção do *espaço democrático*. De fato, é apenas com a invenção deste espaço que a sociedade se dá a representação de ser fundada apenas sobre ela mesma, sobre sua "vontade" livremente expressa e fundadora de sua ordem. De pronto, esse espaço se oferece como um espaço social a modelar, a gerar, a reinventar. (Baczko, 1984, p.144)

A narrativa utópica afirma a sociedade humana como autoinstituída, isto é, regida por normas que as mulheres e os homens se deram e, se quiserem, podem modificar. Em qualquer projeto político transformador existe, ao menos em germe, a projeção de uma sociedade nova, que nunca se realizou. Caso isto não esteja presente, a disputa política se reduz à mera alocação de recursos.[2]

Aceitando como adequada a caracterização das propostas em discussão como utópicas, é possível passar para a análise de sua relação com o debate sobre justiça, que é um dos eixos principais da teoria política das últimas décadas. Seu ponto de partida é, como se sabe, *Uma teoria da justiça*, o influente livro de John Rawls (1971), que suscitou uma diversidade de interpretações e polêmicas. Sem entrar nos meandros da teoria rawlsiana e, muito menos, nas transformações que ela sofre até se cristalizar numa síntese posterior (Rawls, 2005 [1993]), é razoável destacar dois aspectos. Primeiro, embora seja delineada uma estrutura básica justa para a sociedade

---

2 Discuti a trajetória do pensamento utópico em texto anterior (Miguel, 2007, cap.2).

em termos bastante abstratos e também a despeito dos protestos do próprio autor, ela se acomodou à combinação entre economia capitalista e Estado de bem-estar. De fato, Rawls produz uma teoria igualitária da justiça, mas o princípio da diferença admite desigualdades que, no final das contas, revertam em favor dos mais desafortunados – o que é a justificativa padrão para a manutenção da propriedade privada e da competição mercantil, que combateriam a preguiça e a acomodação, beneficiando a inovação, o progresso e a prosperidade para todos. Os mecanismos de bem-estar, por sua vez, garantem a cada um o usufruto das liberdades básicas.

Os pensadores à direita, entre os quais se destacou Nozick, criticaram Rawls por se comprometer com um padrão final de distribuição, que exigiria uma intervenção constante para retificar os resultados da livre interação dos agentes (Nozick, 1974, cap.7). De acordo com essa concepção, dado um ponto de partida equânime, seguido por trocas livres, qualquer resultado alcançado deve ser considerado como justo – ainda que o azar ou a incompetência condenem alguns a situações muito piores do que as de outros. O pensamento utópico e o modelo de Rawls são criticados indistintamente, por afetarem a liberdade dos agentes na busca por um padrão "adequado" de distribuição dos bens sociais.

À esquerda, a igualdade postulada pela teoria rawlsiana da justiça é, em geral, considerada insuficiente. Nem todos os autores cujas propostas utópicas são discutidas aqui se engajaram numa interlocução explícita com *Uma teoria da justiça* – é mais clara em Barbara Goodwin e em Philippe Van Parijs, que se coloca ostensivamente como seguidor do "liberalismo igualitário" rawlsiano e cuja defesa mais conhecida da renda básica universal nasce em resposta a um artigo de Rawls (Van Parijs, 1991) –, mas ela está presente em todo o ambiente da discussão.

O segundo aspecto a ser destacado, ainda mais importante para o debate, é que o esforço de Rawls se dirige à formulação de uma teoria da justiça que seja neutra em relação às diversas concepções de bem existentes na sociedade. A boa sociedade não é aquela que realiza algum valor, mas a que permite que cada um persiga livre-

CONSENSO E CONFLITO NA DEMOCRACIA CONTEMPORÂNEA **163**

mente o bem que deseja. A neutralidade valorativa de *Uma teoria da justiça* foi questionada, uma vez que se apoia em pressupostos fortemente individualistas (e que faz implicitamente da tolerância a virtude social por excelência). De maneira ainda mais aguda, o artifício apresentado por Rawls para alcançar a neutralidade – a famosa posição original, sobre a qual se estende o "véu da incerteza" quanto às preferências individuais – foi acusado de introduzir concepções insustentáveis sobre a constituição do *self* e a relação entre indivíduos e coletividades (Sandel, 1998).

Como norma, no entanto, a busca da neutralidade valorativa triunfou (o que remete a um conjunto de problemas com os quais não vou lidar neste momento). Com duas notáveis exceções – a proposta de sociedade de tempo liberado de Gorz e a sociedade lotérica de Goodwin –, as utopias analisadas neste capítulo se manifestam como neutras em relação aos valores que realizariam. Elas permitiriam a ampliação do espaço de liberdade de cada indivíduo, que então procuraria promover seus próprios objetivos. Gorz, ao contrário, preenche essa busca com um conteúdo, que é o autodesenvolvimento humano (e revela, assim, sua vinculação com a tradição marxista). E Goodwin recusa validade à própria ideia de uma concepção pessoal de bem, estabelecendo como valor a diversidade de experiências de vida.

Cabe notar, por fim, que as propostas aqui caracterizadas como utópicas desenvolvem as instituições sociais que gostariam de ver implantadas com muito maior detalhamento do que fazem Rawls e teóricos similares. Mais do que *princípios* abstratos, indicam mecanismos concretos que gerariam determinados efeitos. O plano, decerto, é apresentado com grande dose de vagueza e o reconhecimento de que ainda restam muitos passos antes de ser possível levá-lo à prática; nada próximo de um Fourier, que já assinalava os quarteirões de Paris em que seriam erguidos os seus falanstérios. Ainda assim, há uma diferença marcante, que permite atribuir-lhes o adjetivo "utópicas" como característica distintiva em relação a construções teóricas mais abstratas.

## Mercado sem Estado

Um dos traços fundantes do pensamento liberal, em suas diversas vertentes, é a contraposição entre o espaço das relações impositivas (o Estado) e o espaço das trocas consensuais entre agentes livres (o mercado); ou, para usar as palavras de Milton Friedman (1985 [1962], p.21), a "direção central usando a coerção" e a "cooperação voluntária dos indivíduos". Aceitando essa caracterização das duas esferas e também o pressuposto de que a liberdade individual é o bem a ser maximizado, segue-se que o Estado deve ser minimizado – o menor Estado que seja capaz de garantir a continuidade da vida social seria o melhor possível. O problema é saber onde se encontra esse mínimo, que às vezes pode ser bastante alargado. No protoliberalismo de um Thomas Hobbes, por exemplo, as forças centrífugas presentes nas coletividades humanas são tão poderosas que, para alcançarmos um mínimo de coesão social, precisamos abdicar de quase toda liberdade pessoal.

Os anarcocapitalistas chegam à conclusão oposta: o Estado pode ser abolido, não como no sonho de anarquistas e comunistas, porque suas funções seriam desempenhadas pela livre associação dos produtores, mas porque *todas* as funções do Estado seriam assumidas pelo mercado. O raciocínio subjacente às suas propostas é de uma simplicidade estonteante; um de seus divulgadores diz que se limita a levar algumas afirmações familiares da retórica política "à sua conclusão natural" (D. Friedman, 1989 [1973], p.xiii). A simplicidade, que consiste muitas vezes em ignorar quaisquer efeitos colaterais e não recuar um milímetro da estrita aplicação de um número reduzido de princípios, é a fonte do fascínio que o projeto anarcocapitalista desperta em muita gente – e também, é claro, de muito de sua fraqueza teórica.

O primeiro princípio é o *antipaternalismo*, que se expressa na crença absoluta na máxima utilitarista de que cada um é o melhor juiz de seus próprios interesses[3] – isto é, qualquer medida que im-

---

3 Embora a norma principal da ética utilitarista, "a maior felicidade para o maior número", seja condenada pelo individualismo radical dos anarcocapitalistas.

CONSENSO E CONFLITO NA DEMOCRACIA CONTEMPORÂNEA **165**

plique uma proteção externa às pessoas é inaceitável. Isto inclui, por exemplo, a proibição de determinadas drogas, o veto ao comércio de órgãos ou a imposição do uso de cinto de segurança, mas também a previdência social compulsória ou a legislação trabalhista. Se alguém prefere consumir toda sua renda a garantir algum tipo de aposentadoria no futuro, trata-se de uma decisão presumivelmente esclarecida e cabe ao próprio indivíduo arcar com as consequências, esperando pela caridade alheia ou, caso esta esteja ausente, padecendo de privações na velhice. Da mesma forma, trabalhadores e patrões são livres para aceitarem ou não os termos de seus contratos, sendo inadmissível que existam cláusulas impostas externamente.[4]

Um pensador liberal mais sofisticado, como Stuart Mill, se debate com o problema das consequências sociais das decisões individuais, o que o leva a buscar o melhor equilíbrio entre o máximo de liberdade pessoal e a manutenção do bem-estar coletivo (Mill, 1991 [1859]) – uma questão que não existe para os anarcocapitalistas, com sua visão atomística da sociedade. Essa visão também exila a *solidariedade* como componente atuante e necessário dos agregados humanos; mesmo que ela possa existir, na forma da caridade ou do amor ao próximo, trata-se sempre de uma escolha pessoal do agente, reversível a cada momento (D. Friedman, 1989 [1973], p.15-6). Não há nada que implique a responsabilidade mútua entre os participantes de uma mesma sociedade. Por fim, é uma moldura teórica que impede que se coloque em pauta a formação das preferências, vistas implicitamente como emanações naturais de cada indivíduo.

O princípio que complementa o antipaternalismo é a *inviolabilidade da propriedade privada*, um conceito que se estende o suficiente para incluir o controle sobre o próprio corpo e, dessa forma, todas as liberdades individuais. Trata-se de uma versão do "individua-

---

4 Nozick – que, no entanto, para um passo antes do anarcocapitalismo, defendendo não a abolição do Estado, mas um "Estado ultramínimo" – chega a afirmar expressamente que uma sociedade livre não pode impedir que seus cidadãos se vendam em escravidão (Nozick, 1974, p.331).

166 LUIS FELIPE MIGUEL

lismo possessivo", identificado no pensamento de Hobbes e Locke por Macpherson (1962): meu corpo é minha propriedade e, se eu posso movimentá-lo livremente, é porque posso dispor livremente de todas as minhas propriedades. Daí já se depreende o corolário da *ausência de Estado*, uma vez que a extração compulsória de impostos, sem a qual nenhum Estado sobrevive, atinge a propriedade privada. Sobretudo, a intervenção estatal, regulando o comportamento dos indivíduos, fere sua liberdade.

Os ultraliberais têm em comum a proposta de redução extrema das áreas da vida social em que o Estado se faz presente, mesmo aquelas em que a ação estatal é considerada indispensável por quase todos. Milton Friedman, por exemplo, não julga adequado coibir o que hoje se chama de "exercício ilegal da medicina": se alguém se faz passar por médico e prejudica um doente, "trata-se de exemplo de contrato voluntário, e de trocas entre o paciente e o médico. Sob esse ponto de vista, não há motivo para intervenção" (Friedman, 1985 [1962], p.135). Como princípio abstrato, caberia ao Estado apenas garantir o cumprimento dos contratos e proteger os cidadãos contra o uso da força por parte de outros. Apenas como princípio abstrato, convém notar, já que na prática (e a associação de Milton Friedman com o regime de Pinochet serve de perfeita ilustração) seus aplausos costumam ir para Estados altamente repressivos, que coíbem a ação dos grupos que perturbariam o funcionamento do mercado, como os sindicatos de trabalhadores.

A diferença dos anarcocapitalistas é que eles julgam que mesmo essas funções mais básicas podem ser cumpridas pelo mercado. David Friedman e Murray Rothbard imaginam um esquema em que agências privadas de proteção venderiam seus serviços aos particulares, cumprindo as funções hoje reservadas a organismos estatais como a polícia. Como existiriam várias firmas competindo entre si, todas teriam incentivos para prover os melhores serviços aos menores custos. Numa sociedade livre, a proteção

> deve ser suprida por pessoas ou firmas que (a) ganham seu rendimento voluntariamente, e não por coerção, e (b) não se arrogam,

CONSENSO E CONFLITO NA DEMOCRACIA CONTEMPORÂNEA **167**

como fazem os Estados, um monopólio compulsório da polícia ou da proteção judicial. Apenas essa provisão libertária do serviço de defesa seria compatível com um mercado livre e uma sociedade livre. Assim, firmas de defesa deveriam ser tão livremente competitivas e não coercivas contra não invasores quanto todos os outros fornecedores de bens e serviço no mercado livre. Serviços de defesa, da mesma forma que todos os outros serviços, seriam vendidos no mercado e apenas vendidos no mercado. (Rothbard, 1970, p.1-2)

O risco de uma guerra entre as agências de proteção também é esconjurado graças às virtudes intrínsecas do mercado: guerras são custosas e, portanto, empresas que visam lucro as evitariam ( Friedman, 1989 [1973], p.116). Em vez da guerra, elas buscariam árbitros para resolver os conflitos. Mais uma vez, haveria um mercado competitivo de árbitros, isto é, de sistemas legais e de cortes de justiça. Os árbitros fazem a lei, as agências de proteção escolhem árbitros caso a caso, para cada um de seus conflitos, e os indivíduos privados escolhem agências de proteção. (Um modelo similar geraria um mercado de padrões monetários concorrentes.)

As deficiências do modelo são evidentes – as respostas a uma questão mais espinhosa, a possibilidade de as agências tiranizarem seus clientes, "vendendo" proteção à maneira da máfia, são sempre insuficientes. Baseiam-se na crença, não embasada e provavelmente falsa, de que a ação "honesta" é sempre mais lucrativa do que a criminosa (Friedman, 1989 [1973], p.121-2) ou, então, de que o mercado é em si mesmo um sistema de controle, com as agências concorrentes se mobilizando para impedir a ação da que se tornou fora da lei (Rothbard, 1970, p.5). Mesmo dentro do campo do ultraliberalismo, foi demonstrado que há uma tendência natural de transformação da proteção (e da lei) num monopólio, caso em que está formado um Estado de fato (Nozick, 1974, cap.2).

Há ainda o problema da defesa externa, outra área em que mesmo os ultraliberais reconhecem a necessidade da presença estatal (monopolística, aliás). David Friedman o deixa em suspenso e apresenta o único momento de dúvida de sua construção teórica,

168   LUIS FELIPE MIGUEL

admitindo que talvez alguma forma rudimentar de Estado fosse inevitável enquanto persistisse a ameaça soviética (Friedman, 1989 [1973], cap.46).

Assim, a obstinação cega com que os anarcocapitalistas se aferram a seus princípios faz sua teoria ter um grande grau de simplicidade – tudo é apenas deduzido de uns poucos argumentos iniciais. A principal pressuposição, de que as trocas mercantis são sempre livres de coerção e mutuamente vantajosas (Rothbard, 1962, v.I, p.71-2), nunca é questionada. Mas mesmo para o mercado ideal com que operam a afirmação é insustentável; e os mercados reais estão sempre muito longe do ideal (ver Boron, 1994 [1991]). A desigualdade material representa uma séria limitação das possibilidades de ação para os que estão no seu polo negativo, constrangendo-os ao engajamento em trocas que, em outras circunstâncias, não aceitariam. Na ausência de qualquer mecanismo de proteção social ou de distribuição de riqueza, que o modelo veta expressamente, uma parcela significativa da população ficaria em situação de penúria.

Um subtexto importante do argumento dos anarcocapitalistas, assim como de outros ultraliberais, é a denúncia da democracia. Sua inferioridade como forma de alocação de recursos é ressaltada com frequência, com auxílio de uma literatura próxima, que assinala a irracionalidade inerente aos processos de decisão pelo voto (Riker, 1982). As decisões democráticas ferem o dogma da liberdade individual, pois são impostas a todos, mesmo aos que discordam delas, e tendem a ser irresponsáveis, na medida em que o voto é um recurso sem custos para quem o usa. Além disso, num argumento surpreendente, David Friedman (1989 [1973], p.104) diz que a democracia maximiza as desigualdades, em comparação com o mercado. Afinal, se eu tenho o dobro da renda de outra pessoa, eu posso comprar apenas o dobro de bens, não todos; mas quem pertence a um partido com o dobro de votos vence todas as eleições. O argumento é especialmente capcioso, quaisquer que sejam as críticas que as democracias majoritárias possam merecer: um partido se torna vitorioso com os votos de uma multiplicidade de pessoas, ao

CONSENSO E CONFLITO NA DEMOCRACIA CONTEMPORÂNEA    169

passo que a riqueza pode estar concentrada nas mãos de um único ou de pouquíssimos indivíduos.

Na utopia anarcocapitalista, todas as relações interpessoais são, em princípio, instrumentais. Os laços entre os indivíduos se resumem àqueles que eles estabelecem voluntariamente, por intermédio de seus contratos. Essa total independência, imagina-se, leva ao máximo de liberdade, sempre entendida em seu sentido negativo, de ausência de coerção externa. Os benefícios esperados, portanto, concentram-se na ampliação da liberdade individual. Os argumentos que, por vezes, indicam os benefícios econômicos esperados pela ausência de intervenção estatal na esfera produtiva são estritamente secundários. A sociedade esperada – se é que o termo "sociedade" ainda se aplica de maneira legítima – é vantajosa por ser livre e continuaria sendo vantajosa caso, por algum motivo, se tornasse menos próspera.

Como desenho de uma nova forma de organização humana, a proposta exige uma transformação bastante radical do mundo que temos hoje. Friedman e Rothbard não se preocupam com a questão da transição – como, partindo das sociedades atuais, poderemos chegar na utopia. O caráter radicalmente *anticonservador* do anarcocapitalismo é expresso na afirmação de que, como o pior que pode acontecer é ter que restabelecer o Estado, nada se perderia tentando (Rothbard, 1970, p.6). É a perfeita negação do elemento central do credo do conservadorismo político, de Burke a Oakeshott, ou seja, o entendimento da fragilidade da construção de uma ordem social estável, fruto da experiência acumulada de gerações, e portanto da necessidade da maior cautela ao alterá-la.

## Socialismo de ações

Para os anarcocapitalistas, como visto, o valor do mercado reside antes na liberdade que ele proporciona do que em sua eficiência superior. O mesmo vale para outros liberais extremados. Em meados do século XX, esta era a linha principal de argumentação dos

170 LUIS FELIPE MIGUEL

integrantes da Sociedade de Mont Pèlerin, como se evidencia pela leitura do panfleto fundador sobre *O caminho da servidão* (Hayek, 1990 [1944]). Sua doutrina foi construída no momento em que políticas de intervenção estatal levavam o capitalismo a uma fase de acelerado crescimento (Anderson, 1995), ao mesmo tempo que os países do socialismo real, sob regime de planejamento centralizado, também experimentavam rápido desenvolvimento econômico. Não era nada evidente, muito pelo contrário, que a competição mercantil fosse a forma mais eficaz de organização econômica.

Décadas depois, com a estagnação e o fim do socialismo real e a crise do modelo keynesiano de gestão do capitalismo, firmou-se rapidamente um quase consenso de que os mecanismos de mercado eram imprescindíveis para a condução eficiente da economia e que, por trás da "anarquia da produção capitalista" criticada pelo marxismo, escondia-se uma racionalidade sutil que nenhuma outra forma de gestão seria capaz de alcançar. A concorrência garantiria, sobretudo, o incentivo à inovação e o *feedback* sobre as preferências do público. Mesmo adversários do capitalismo julgavam necessário garantir o funcionamento do mercado numa sociedade alternativa. Ao contrário dos liberais, não depositavam fé em suas virtudes emancipadoras e temiam a desigualdade gerada por ele. O mercado se percebia como necessário exclusivamente por seus efeitos na produção econômica.

A questão que se coloca, dessa perspectiva, é como conciliar uma economia mercantil com a igualdade social. As soluções mais simples são também as que apresentam com maior nitidez suas deficiências. Por exemplo, impor um teto ao crescimento das empresas, como propôs Miliband (2000 [1994]), significa refrear o incentivo à inovação exatamente daqueles que se mostraram mais eficientes.

A proposta de John Roemer (1994, 1996) é uma tentativa criativa de superar o problema. Em resumo, seu projeto de socialismo com mercado passa pela universalização da propriedade dos meios de produção, através de um sistema engenhoso que isola o mercado de capitais do mercado de bens de consumo. Existiriam dois tipos de moeda em circulação na sociedade. Com uma, o dinheiro

CONSENSO E CONFLITO NA DEMOCRACIA CONTEMPORÂNEA **171**

comum, seriam pagos os salários e comprados os bens de consumo. A outra ("cupons") serviria apenas para a aquisição de ações de empresas. Para os cidadãos, as duas moedas seriam estritamente inconversíveis entre si. Apenas as firmas poderiam trocar cupons por dinheiro do Tesouro, para investir. Trata-se, portanto, de um retorno à ideia de pluralidade monetária, presente no debate político ao menos desde os anos 1930, quando foi lançada na França por Jacques Duboin.

Os cupons seriam distribuídos de forma igualitária; cada cidadã ou cidadão receberia certa quantidade ao nascer (ou ao atingir a maioridade), para ingressar no mercado de ações. De acordo com a competência e sorte com que fossem feitos os investimentos, o indivíduo alcançaria menor ou maior participação no mercado; porém, não poderia utilizar seu dinheiro de consumo para comprar mais ações. Aquelas que possuía, por sua vez, poderiam ser reconvertidas em cupons, mas não seriam transmitidas a outras pessoas por nenhum meio – nem venda, nem doação, nem herança. A propriedade das ações geraria o direito de receber dividendos, estes sim em forma de dinheiro de consumo, e de eleger ao menos parte da direção da empresa.

No modelo, os incentivos da competição mercantil estão plenamente mantidos, para empresas e investidores. Estes últimos preferirão investir nas firmas que apresentam melhores perspectivas de geração elevada e continuada de dividendos. As empresas, por sua vez, precisam apresentar um desempenho satisfatório para atrair os investidores. Além disso, o direito de participação na escolha da direção garante que nenhuma firma será indiferente aos interesses daqueles que nela investiram os seus cupons.

O modelo também garantiria a realização do socialismo. Não a forma tradicional de socialismo, que exige a propriedade pública dos meios de produção, mas pelo menos a realização daqueles que seriam os três objetivos principais de uma sociedade socialista, definidos como igualdade de oportunidades para a autorrealização e o bem-estar, igualdade de oportunidades para a influência política e igualdade de *status* social (Roemer, 1996, p.10). O primeiro obje-

172 LUIS FELIPE MIGUEL

tivo seria uma igualdade de *oportunidades* para a autorrealização e o bem-estar, não a igualdade efetiva, pois, caso contrário, seria necessário despender recursos sociais gigantescos para aqueles que buscassem objetivos demasiado caros e irrealistas. Assim, cabe a cada um optar por formas de realização pessoal e padrões de bem-estar mais razoáveis. A influência política também só é igualitária na oportunidade, na medida em que vai depender da escala de prioridades de cada cidadã ou cidadão o esforço dispendido para transformá-la em presença real na arena política.

Apenas a igualdade de *status* é substantiva. O resultado é um ideário socialista bastante similar ao liberal, no qual também é valorizada a existência de oportunidades iguais, complementada pela igualdade "perante a lei", isto é, uma igualdade de *status* legal. Embora o valor da igualdade de oportunidades não seja desprezível, ela é compatível com uma desigualdade real gritante. Como observa Phillips (1999, p.60), "uma igualdade de recursos inicial, combinada com uma oportunidade igual de fazer o que quisermos com eles, não é capaz de satisfazer os requerimentos da igualdade" real. A autora está comentando propostas como a de Ronald Dworkin, que enfatizam a responsabilidade moral pelas escolhas, mas a crítica vale também para a utopia de Roemer.

Como o espaço da política está em aberto em seu projeto, nada impede a construção de uma rede de proteção social, ao estilo do *Welfare State*. Mas tampouco algo o exige. Na ausência até mesmo de uma cláusula rawlsiana de diferença, o socialismo de ações pode lançar na miséria aqueles que manejaram mal seus investimentos, enquanto os mais habilidosos ou afortunados ficarão ricos com os dividendos recebidos. Seus filhos não receberão uma parcela maior do controle das empresas, pois cupons ou ações não são transmissíveis por herança, mas herdarão outras propriedades e serão beneficiados pelas vantagens advindas da condição material dos pais – educação de qualidade superior, acesso a bens culturais, redes de contatos etc.

Como solução parcial para esses problemas, Roemer estabelece que os investimentos não seriam feitos em empresas específicas, mas

CONSENSO E CONFLITO NA DEMOCRACIA CONTEMPORÂNEA **173**

obrigatoriamente em fundos mútuos, administrados por especialistas. A medida contempla dois objetivos. O primeiro, "paternalista", é impedir que os cidadãos invistam muito mal os seus cupons. O segundo é evitar que surjam firmas de fachada, que reinvistam muito pouco ou quase nada e gerem muitos dividendos, o que seria uma forma disfarçada de conversão dos cupons em dinheiro de consumo (Roemer, 1996, p.21). A preocupação é voltada sobretudo para os mais velhos, que – dada a proibição da herança dos cupons – teriam um horizonte temporal drasticamente reduzido e pouquíssimo incentivo para aguardar retornos de longo prazo.[5] Portanto, os fundos mútuos são obrigados a incluir investidores de idades variadas.

A obrigatoriedade dos fundos mútuos reduz os benefícios esperados pelo modelo, uma vez que a figura do investidor ousado e inovador, apostando na multiplicação do seu próprio patrimônio, é substituída pelo gerente de fundos, burocrata que cuida da riqueza alheia. A participação do cidadão-acionista na gestão das empresas também é descartada, substituída por um implausível monitoramento dos fundos (Simon, 1996, p.53). Além do mais, o gerente é pressionado para adotar uma postura mais conservadora, já que uma de suas funções é impedir a dilapidação dos investimentos dos cotistas.

O *mix* de investidores de idades diferentes nos fundos não impediria uma preferência generalizada por retornos rápidos, isto é, pela conversão dos cupons em dinheiro-de-consumo. Os mais jovens podem receber grandes dividendos de imediato e aplicar o dinheiro para consumo futuro (Simon, 1996, p.47-8) – isto sem levar em conta um viés muito comum na escala de preferências, que leva os indivíduos a optar por uma gratificação imediata e segura em lugar de outra, posterior e incerta, ainda que maior. Em suma, a proposta exige tamanho controle público, para evitar fraudes ou irracionali-

---

5 Embora frequentemente ignorada pela discussão política corrente, os horizontes temporais diferenciados dos diversos grupos etários colocam uma série de problemas interessantes para a organização da democracia e a realização da justiça. Para uma síntese do debate, ver Van Parijs (1998).

174 LUIS FELIPE MIGUEL

dade excessiva no investimento, que as vantagens esperadas em termos de inovação e concorrência tendem a desaparecer.

Há ainda o problema da transição. Embora, como diz um crítico, seja "autoconscientemente conservadora pelos padrões socialistas", ainda assim a proposta exige uma transformação social radical, que afeta os interesses cruciais da classe capitalista (Brighouse, 1996, p.192). Afinal, é necessário expropriar os meios de produção, antes de distribuir seu controle entre a população, por meio dos cupons. De início, Roemer imaginava que as sociedades em transição do mundo ex-comunista estariam em boas condições para implementar o projeto. Nelas, não havia nenhum capitalista privado a ser prejudicado; era a propriedade pública que seria distribuída. Mas aquele momento histórico passou.

As críticas mais graves à proposta de Roemer, porém, dizem respeito aos valores que ela promove. De forma geral, o socialismo de mercado é criticado por remover apenas uma fonte de injustiça e desigualdade (a propriedade do capital), mantendo outras, como as causadas pela diferença de talentos; e, sobretudo, por manter um "misto de ganância e medo" como motivação para os atores econômicos (G. A. Cohen, apud Callinicos, 2000, p.121). Isto é insatisfatório porque, no ideal que norteia seus projetos de reconstrução da sociedade, os socialistas buscam "não apenas novas formas de propriedade, mas também um novo mecanismo dirigente, uma nova racionalidade, uma nova lógica econômica" (Wood, 1995, p.292).

O socialismo de ações não contempla nada disso. Como observa um de seus comentaristas, enquanto alguns socialistas julgam que o mercado pode ser permitido para sanar falhas do controle democrático da economia, para Roemer é o contrário: as relações mercantis predominam, com as intervenções democratizantes servindo para corrigir eventuais disfuncionalidades (Wright, 1996, p.123-4).

Sua utopia prevê a manutenção, entre os agentes econômicos, das mesmas motivações existentes sob o capitalismo – como se elas não pudessem ser transformadas, isto é, como se as motivações humanas fossem dissociadas das instituições sociais existentes. De fato, na medida em que todos se tornariam jogadores da bolsa de

CONSENSO E CONFLITO NA DEMOCRACIA CONTEMPORÂNEA **175**

valores, ela criaria uma "cultura de loteria", pouco compatível com a solidariedade ou com a participação política ampliada (Simon, 1996, p.51-2).

Em comparação com outros projetos utópicos – como o de Gorz, analisado em seguida –, o de Roemer se mostra mais "realista" e também mais factível, em especial se é deixado de lado o problema da transição. Sua sociedade é moldada para o indivíduo autointeressado da filosofia utilitarista, em busca da ampliação de seus benefícios ao menor custo. O preço a pagar pelo "realismo", porém, é alto. Objetivos como a superação da alienação e do fetichismo da mercadoria, a ampliação da liberdade individual ou mesmo a igualdade material substantiva são deixados de lado, em prol da promoção de um único e limitado valor, a igualdade de oportunidades.

## A sociedade dual

Do ponto de vista dos valores que promove, do ideal que deseja alcançar, a utopia proposta por André Gorz representa uma atualização do comunismo desenvolvido marxista. A sociedade dual que ele propôs, em que o tempo livre é o maior bem social, apresenta-se, tal qual o comunismo de Marx, como uma possibilidade histórica aberta pelo desenvolvimento das forças produtivas. Num caso como no outro, a nova sociedade propiciaria a superação da alienação e a realização das múltiplas potencialidades dos seres humanos. Embora os sobrelanços utópicos sejam maiores em Marx do que em Gorz – o primeiro tende a ver o comunismo como uma *inevitabilidade* histórica e desenha-o com um nível muito mais elevado de autorrealização dos indivíduos –, o sentido ético é o mesmo.[6]

Gorz parte da avaliação de que o desenvolvimento das forças produtivas, sobretudo com a informática e a automação, tornou possível, pela primeira vez na história da humanidade, o triunfo –

---

6  Parte dos argumentos desta seção está desenvolvida com maior aprofundamento em outro texto (Miguel, 1999).

176 LUIS FELIPE MIGUEL

ainda que parcial – da liberdade sobre a necessidade. A reprodução de "uma sociedade viável, que disponha de tudo o que é necessário e útil à vida", exige cada vez menos trabalho (Gorz, 1987 [1980], p.91). Mas o surgimento das condições materiais que permitem libertar mulheres e homens de uma grande parcela do fardo do trabalho não reverteu concretamente em ampliação da liberdade para os trabalhadores. Há, de um lado, a permanência da "ideologia do trabalho", que faz do pleno emprego a bandeira mais importante do movimento sindical. E, de outro, as classes dominantes têm interesse na manutenção das relações de dominação que caracterizam o trabalho assalariado.

O resultado é uma situação sem sentido – mas cujo *nonsense* por vezes nos escapa, tão corriqueira se tornou: o trabalho deixou de ser meio para se tornar fim, isto é, a sociedade produz para trabalhar (para "gerar empregos"), em vez de trabalhar para produzir (Gorz, 1987 [1980], p.92). O reconhecimento cabal desse paradoxo deve levar à constatação de que é necessário substituir a busca do pleno emprego por um projeto de sociedade mais condizente com as novas realidades produtivas. Tal projeto é, para Gorz, o de uma "sociedade dual".

A proposta prevê a criação de dois setores produtivos distintos, um "autônomo" e outro "heterônomo". O setor heterônomo da economia permaneceria guiado pela necessidade, com produtores subordinados e trabalho anônimo, indiferenciado. Utilizando as mais modernas técnicas industriais, esse setor produziria em massa os produtos essenciais, que seriam distribuídos a toda população. Todo o cidadão teria o dever de fornecer algumas horas de trabalho socialmente útil, produzindo no setor heterônomo. Gorz fala em 20 mil horas de trabalho em toda a vida – contra as mais de 57 mil horas atuais de alguém que trabalhe 40 horas por semana, durante 30 anos, onze meses por ano. O indivíduo poderia concentrar suas horas "socialmente úteis" em períodos de trabalho intenso ou dispersá-las em parcelas diárias suaves.

Esse setor heterônomo (ou alienado) é imprescindível porque "as forças produtivas desenvolvidas pelo capitalismo trazem a sua

CONSENSO E CONFLITO NA DEMOCRACIA CONTEMPORÂNEA 177

marca impressa a tal ponto que não podem ser geradas ou colocadas em operação segundo uma racionalidade socialista" (Gorz, 1987 [1980], p.26). A alienação é inerente à fábrica com linha de montagem – e, ao mesmo tempo, essa fábrica é necessária por proporcionar economias crescentes de trabalho humano. Não se trata, portanto, da apropriação capitalista: a lógica própria da grande indústria é alienante. O trabalho morto força o trabalho vivo a servi-lo. "Em resumo", diz Gorz, sumarizando teses de Marx sobre a grande indústria, "o processo de dominação da natureza pelo homem (através da ciência) torna-se a dominação do homem pelo processo de dominação" (Gorz, 1988, p.74; ênfase suprimida).[7]

Ele acredita que "a única chance de abolir as relações de dominação é reconhecer que o poder funcional é inevitável e *conceder-lhe um lugar circunscrito*" (Gorz, 1987 [1980], p.81). O trabalho heterônomo seria restrito à sua esfera imprescindível – a grande indústria –, permitindo o surgimento de um setor livre, de trabalho autônomo, que propiciaria a autorrealização humana. Nele são abolidos ou minimizados os critérios "econômicos" de produtividade, eficiência e massificação. A atividade é criativa, porque ali se produz o que *não é necessário*:

> As atividades do tempo livre, na mesma medida em que são produtivas, têm como objeto a autoprodução do facultativo, do gratuito, do supérfluo, em suma, do não necessário que dá à vida seu sabor e seu valor: tão *inútil* quanto a vida mesma, ele [o "não necessário"] a exalta como o fim que funda todos os fins. (Gorz, 1983, p.117)

No tratamento que dá à relação entre os dois setores da economia, Gorz reelabora uma ideia presente em *O capital*: é além do trabalho determinado pela necessidade que "começa o desen-

---

7 Gorz revela concordância com uma ideia de Engels, muito criticada, segundo a qual a tirania da grande indústria é uma necessidade técnica "independente de toda organização social" (Engels, s.d. [1873], p.186).

178  LUIS FELIPE MIGUEL

volvimento das forças humanas, considerado como um fim em si mesmo, o verdadeiro reino da liberdade, que, porém, só pode florescer com aquele reino da necessidade como sua base" (Marx, 1988 [1861-79], livro III, p.1044). A proposta de sociedade dual também apresenta amplas semelhanças com Habermas; a manutenção de um setor de trabalho heterônomo corresponde, na obra de Habermas, ao reconhecimento da legitimidade de uma esfera dominada pela razão instrumental, o mundo sistêmico (das relações econômicas e de poder). A esfera da atividade autônoma, na qual Gorz enfatiza os aspectos da convivencialidade, é similar ao "mundo da vida" no qual deve florescer a ação comunicativa. Gorz assinala tais semelhanças, embora critique o conceito habermasiano de mundo da vida, que designa

> não, de fato, o mundo da experiência vivida original, mas o do vivido mediado pelos meios sociais de sua expressão formalizada, em particular pelos estereótipos da linguagem, e despojada de sua negatividade. (Gorz, 1988, p.217-8)

Tal diferença é importante "numa situação em que não se trata de *reproduzir a sociedade*, mas de concebê-la em nova base e nova perspectiva" (Gorz, 1988, p.213). Mas, ainda assim, permanece uma concordância essencial entre Gorz e o Habermas da fase crítica. Para ambos, a deturpação essencial da vida moderna é a transferência de critérios próprios à esfera heterônoma para a esfera autônoma – a "colonização do mundo da vida pela razão instrumental", no jargão habermasiano; a instrumentalização das atividades gratuitas pela racionalidade econômica, segundo Gorz.

Entendida como uma *possibilidade* histórica, a sociedade dual precisa se sobrepor a outras possibilidades igualmente presentes. Gorz identifica a presença de uma saída conservadora para a crise da sociedade do trabalho, orquestrada pelos mercados, governos e organismos de coordenação multilateral, que passa pela ampliação da hegemonia da razão instrumental (ou "racionalidade econômica", em seus termos) em todos os espaços da vida humana. Os em-

CONSENSO E CONFLITO NA DEMOCRACIA CONTEMPORÂNEA **179**

pregos estáveis de tempo integral tornam-se privilégio de uma elite de trabalhadores bem pagos. À sua volta, uma periferia de subempregados executa os serviços subalternos. A borda externa dessa periferia inclui marginalizados permanentes, mantidos por mecanismos do Estado de bem-estar, como o seguro social.

Até aqui, a imagem é semelhante à do mercado de trabalho sob o regime de acumulação capitalista flexível, tal como apresentada, por exemplo, por David Harvey (1992 [1989], p.143-4). A esse quadro, Gorz acrescenta a expansão do campo das atividades assalariadas, proposta por economistas como solução para a crise de desemprego. Isso inclui, numa ponta, o pagamento de salários às donas de casa e às mães; na outra, a expansão do mercado de mães de aluguel, prostitutas, serviçais, gente que fica à disposição da elite empregada nas atividades produtivas (Gorz, 1988). Essa imagem é a de uma sociedade em que todo o avanço tecnológico não resulta em um segundo a mais de tempo livre *para ninguém*. A elite trabalha sem cessar para manter seu consumo suntuoso e seus serviçais. Estes estão presos à necessidade imperiosa de "ganhar a vida". E os desempregados, entregues à boa vontade do Estado, não têm condições materiais de transformar o tempo de não trabalho em tempo de autodeterminação.

A manutenção artificial de uma sociedade do trabalho também está ligada à difusão de uma ideologia de "mais é melhor", núcleo da própria racionalidade econômica (Gorz, 1988, p.154). Da mesma forma que produz para criar trabalho, o capitalismo contemporâneo passa a *"produzir consumidores para suas mercadorias*, necessidades que correspondam aos produtos de produção mais rentável" (Gorz, 1983, p.50). A ideologia do "mais é melhor" impregna os trabalhadores que, por isso, se mantêm acorrentados ao trabalho, mais horas do que o necessário, para consumir mais do que precisam ou mesmo podem. Esses trabalhadores transferem a racionalidade econômica para a esfera do tempo livre, do lazer, das atividades que deveriam utilizar outra racionalidade, que deveriam perseguir fins em si mesmos. Inverter essa direção, subordinar o setor heterônomo à atividade autodeterminada, é o objetivo da utopia dualista.

180   LUIS FELIPE MIGUEL

Fica evidente que os operários não podem ser os promotores da instauração de uma sociedade de tempo liberado. Ao menos nos países centrais, uma parcela cada vez menor da população se encontra empregada em período integral na indústria de transformação. Os operários remanescentes, orgulhosos de sua posição, permanecem fiéis à ideologia do trabalho e não se identificam com o projeto de uma sociedade de tempo liberado (Gorz, 1983, p.78). A utopia proposta por Gorz encontraria ressonância no que ele chama de "não classe dos não trabalhadores": desempregados e semiempregados que cumprem tarefas de ocasião, intercambiáveis e com vínculos empregatícios precários. O trabalho, para eles, não é um espaço de realização, e sim "um tempo morto à margem da vida" (Gorz, 1987 [1980], p.89). Mas a "não classe" não está dotada de nenhuma missão teleológica similar à do proletariado. Ao mesmo tempo que prega a transformação da sociedade, Gorz confessa não saber "que forma pode tomar essa ação nem que força política é capaz de conduzi-la" (Gorz, 1987 [1980], p.22). A noção de "não classe dos não trabalhadores", avançada provocativamente em *Adeus ao proletariado*, é abandonada nas obras posteriores.[8]

Além da ausência de um sujeito coletivo capaz de encampar o projeto, existem problemas no próprio funcionamento da sociedade projetada. O mais importante deles diz respeito à existência de toda uma gama de serviços socialmente úteis, embora não estritamente produtivos, que consomem muita mão de obra, como ocorre nas áreas de saúde e educação. A solução é a criação de mais uma esfera de trabalho, "comunitária" (Gorz, 1983, p.126) – um terceiro setor, dito intermediário, para a utopia dualista. O cumprimento de tarefas na esfera comunitária não seria obrigatório, como no setor heterônomo. Haveria um *incentivo*: quem participasse do setor intermediário ganharia o direito de receber bens ou serviços numa quantidade equivalente às horas trabalhadas.

---

8  Num de seus últimos livros, ele anotou que um "neoproletariado pós-industrial", correspondente à não classe antes indicada, seria o protagonista das contestações radicais ao capitalismo mundializado (Gorz, 2003, p.92-3).

## CONSENSO E CONFLITO NA DEMOCRACIA CONTEMPORÂNEA    181

Essa solução, na verdade, expande o espaço do trabalho heterodeterminado, alienado, que não é um fim em si mesmo. O objetivo seria externo à tarefa: a obtenção dos bens e serviços trocáveis pelas horas dispendidas. Por isso, Gorz acaba reduzindo sua ideia de setor intermediário ou comunitário à posição de "segunda melhor opção". A plena realização da utopia exige que essas atividades sejam assumidas pelo setor autônomo. Professores, médicos e profissionais semelhantes, bem como artistas e cientistas, encontrariam – como hoje, em certa medida, já encontram – no cumprimento de suas tarefas uma satisfação que independe da recompensa monetária. É a satisfação proporcionada pelo reconhecimento do discípulo, do paciente ou do público. A universalização dessas relações exige uma generosidade recíproca alheia à racionalidade econômica hoje hegemônica (Gorz, 1988).

Mas Gorz também procura mostrar que trabalhos especializados como o do médico, do jornalista ou do professor não exigem dedicação permanente. Esta seria uma ideia difundida pela elite dos especialistas bem pagos, desejosos de manter seu monopólio sobre fatias do mercado de trabalho. Portanto, esses especialistas devem obter tempo para desenvolver outras atividades – e, inversamente, suas especialidades devem ficar ao alcance de qualquer indivíduo desejoso de encontrar nelas alguns de seus caminhos para a autorrealização. Não se trata de eliminar a especialização necessária ao cumprimento de tarefas complexas, mas de democratizar o acesso a esses saberes (Gorz, 1983, p.77).

A utopia dualista de Gorz mantém, assim, um compromisso essencial com a concepção marxista da autorrealização humana, que ocorre através do trabalho (entendido em oposição ao consumo):

A exigência de "trabalhar menos" não tem por sentido e por finalidade "descansar mais", mas "viver mais", o que quer dizer: poder realizar por si mesmo muitas coisas que o dinheiro não pode comprar e mesmo uma parte das coisas que ele atualmente compra. (Gorz, 1987 [1980], p.11)

182  LUIS FELIPE MIGUEL

Também como Marx, Gorz aposta no surgimento de um novo homem, capaz de usufruir das possibilidades que lhe são abertas pelo campo da atividade autônoma. Esse surgimento seria possibilitado pela limitação da racionalidade econômica à sua esfera própria. O não surgimento desse novo homem acabaria por transformar a utopia dualista em algo semelhante à sociedade do trabalho alienado atual – pela via da esfera intermediária de trabalho "comunitário" monetarizado. Nesse caso, o triunfo da racionalidade econômica ocorreria sem constrangimentos sistêmicos, por escolha dos indivíduos. Eles usariam a liberdade conquistada para optar livremente pela servidão. Essa eventualidade pode ser descartada *a priori* apenas na medida em que se tenha a visão de uma "natureza humana" que, uma vez liberada dos constrangimentos atuais, ansiaria por oportunidades de pleno desenvolvimento de suas potencialidades criativas. Tal é a visão que, malgrado as críticas reiteradas à noção de "natureza humana", subjaz à percepção de Gorz, como de Marx, sobre a autorrealização das mulheres e dos homens.

## Renda para todos

De todas as propostas analisadas neste capítulo, a renda básica incondicional (ou "salário-cidadão") é a que encontra maior receptividade entre intelectuais e políticos, sobretudo nos países da Europa ocidental. É necessário, em primeiro lugar, diferenciá-la de outras políticas de transferência direta de renda do Estado para os cidadãos. Os projetos de "imposto negativo", patrocinados por ultraliberais como Milton Friedman, visam substituir os serviços prestados pelo Estado (educação e saúde públicas, por exemplo) por uma quantia em dinheiro entregue àqueles com menor renda. O seguro-desemprego é um auxílio presumivelmente temporário para quem se encontra sem trabalho, pensado ainda dentro da lógica de um ideal de pleno emprego. Medidas como o Bolsa Família são paliativos destinados aos mais pobres, em alguns casos objetivando assegurar-lhes condições para a inserção no mercado de trabalho. O "segundo cheque" de Guy Aznar, que será discutido adiante com um pouco mais de detalhe, busca a redução da jornada de trabalho daqueles que estão empregados.

A renda básica incondicional ou universal, por sua vez, é aquilo que seu nome indica – uma transferência de renda permanente do Estado para todo e qualquer cidadão, independentemente de suas características pessoais, de possuir ou não outras fontes de renda, de estar ou não disposto a aceitar um emprego, caso tenha essa possibilidade. Todos recebem pelo simples fato de serem cidadãos. A renda básica incondicional se estabelece como alternativa tanto à utopia esboçada por Gorz quanto à saída conservadora para a crise da sociedade do trabalho.

Seu objetivo é libertar as pessoas da imposição do trabalho assalariado – ou devido a uma postura filosófica, ou por se considerar, como Offe, Mückenberger e Ostner (1996 [1989], p.208-9), que tentativas de retorno ao pleno emprego são ilusórias, economicamente indesejáveis e ecologicamente nefastas. Embora compartilhe do objetivo, Gorz se mostrou avesso à alternativa, recusando o desenho de sociedade que ela projetava. Na base dessa rejeição, estava seu entendimento de que a participação na atividade produtiva funda o direito de cidadania.

De uma forma um tanto bombástica, o principal difusor da renda básica universal, o filósofo belga Philippe Van Parijs, afirma que a proposta pode realizar o "velho ideal emancipatório associado ao movimento comunista, sem exigir para tanto nada semelhante a um modo socialista de produção" (Van Parijs, 1992, p.466) – ou, então, que seria "uma via capitalista para o comunismo" (Van Der Veen; Van Parijs, 1987). O salário-cidadão aboliria o jugo da necessidade, já que ninguém mais seria obrigado ao trabalho para suprir sua subsistência – na medida do desenvolvimento econômico, estaria garantido até mesmo o conforto, pois a ideia é oferecer aos cidadãos a "maior renda possível". Quem *desejasse*, porém, poderia procurar um emprego, trocando parte de seu tempo livre por maiores possibilidades de consumo. A organização capitalista ou socialista da economia é, a princípio, indiferente, embora Van Parijs julgue que, por

184　LUIS FELIPE MIGUEL

motivos práticos, seria capitalista. Nenhum dos países remanescentes de economia estatizada no final do século XX possuía um grau de desenvolvimento suficiente para tentar implementar tal projeto.

O caráter universal da renda básica impede que seus beneficiários sejam estigmatizados, como ocorre com os recebedores de seguro-desemprego, ou que se tornem presas do clientelismo político. Também garante o respeito à privacidade e às liberdades civis de todos, ao passo que muitos programas sociais hoje existentes envolvem o monitoramento dos favorecidos, para garantir que eles atendam aos critérios de elegibilidade para o programa, quando não os obrigam a cumprir alguns deveres (Van Parijs, 1997 [1991], p.178). Assim, beneficiários do seguro-desemprego são vigiados para que não exerçam atividade remunerada ou, então, não podem recusar qualquer oferta de trabalho que lhes seja feita; famílias que recebem bolsa escola devem provar que seus filhos não faltam às aulas; agentes do governo verificam as condições de pobreza dos candidatos aos programas assistenciais.

Não se trata, portanto, de um programa compensatório, destinado a garantir condições de vida aos "excluídos" ou a resolver a crise da oferta de emprego. É a busca da ampliação da liberdade efetiva de todos os cidadãos, incluindo a liberdade de não ganhar o pão com o suor do rosto, hoje desfrutada apenas por alguns poucos rentistas ou herdeiros. Nesse sentido, se distancia de projetos de garantia de emprego, pelo qual o Estado assumiria a responsabilidade de oferecer trabalho e salário a todos os que necessitassem (Mitchell; Watts, 2004). Ao contrário do que afirmam mesmo alguns de seus defensores (Noguera, 2002), a renda básica não seria apenas mais exequível e facilmente aplicável do que a garantia de emprego. Na perspectiva de Van Parijs, ela apresenta um ideal superior, passando do direito ao trabalho para o direito ao não trabalho.

De início, a renda básica universal poderia até ser inferior ao montante socialmente considerado como necessário para uma vida digna (Van Parijs, 1992, p.472). No entanto, é possível objetar que, nesse caso, o projeto não atingiria seus fins. As pessoas continuariam constrangidas a procurar emprego assalariado e a alocação uni-

CONSENSO E CONFLITO NA DEMOCRACIA CONTEMPORÂNEA 185

versal de renda serviria apenas para reduzir o custo da mão de obra, beneficiando o capital, mas não os trabalhadores. Apenas quando atinge o limiar do "mínimo necessário" o salário-cidadão cumpre a função de fortalecer os (possíveis) assalariados, que estão em melhor posição de barganha, pois passam a ter a opção de não aceitar nenhum emprego. A partir daí, quanto mais alta a alocação de renda, maior o poder de negociação dos trabalhadores.

Apesar do que afirma Van Parijs, é difícil vislumbrar a convivência, a longo prazo, desse modelo com o capitalismo. Um dos traços fundamentais da ordem capitalista é a desigualdade estrutural que força os não possuidores de meios de produção a venderem sua força de trabalho ao capital, premidos pela necessidade de subsistência e pela existência do exército industrial de reserva. A renda básica vive, então, um dilema, pois, quando está abaixo do nível de subsistência, funciona "como um subsídio para empregadores pagando baixos salários", e se sobe acima da subsistência "rompe o funcionamento da economia capitalista" e passa a enfrentar a oposição feroz dos interesses contrariados (Callinicos, 2000, p.118). A avaliação da força da oposição da burguesia é essencial para considerar as dificuldades de implementação do projeto – se é uma mera questão tributária (qual o nível de imposto necessário para a concessão de renda básica a todos em determinado patamar, um problema técnico do qual Van Parijs e outros se ocupam bastante, mas que aqui não interessa) ou praticamente uma desapropriação.

Cumpre observar ainda que o modelo exige que uma determinada quantidade de pessoas aceite os incentivos para se integrarem ao trabalho produtivo e, assim, gerar a riqueza necessária para sustentar a renda universal de todos. Isto significa a manutenção do padrão aquisitivo que caracteriza os homens e mulheres das sociedades capitalistas. Por outro lado, há a preocupação de defender a legitimidade ética da opção por não trabalhar, em termos do respeito liberal às diferentes concepções do que é a boa vida. Aqueles que decidem permanecer apenas com o salário-cidadão não são parasitas que vivem à custa da riqueza produzida por outros, mas indivíduos que, ao perseguirem sua própria concepção do bem –

186    LUIS FELIPE MIGUEL

que valoriza o tempo livre, acima do consumo ou do conforto material –, permitem que outros, com concepções de bem diversas, se assenhorem dos postos de trabalho existentes (Van Parijs, 1991).

Numa veia diversa, o sociólogo polonês Zygmunt Bauman apresentou uma defesa da renda básica universal em termos de suas consequências políticas. Ela reduziria a incerteza existencial que, hoje, mina o espaço público e "reintroduziria padrões morais na vida social, substituindo o princípio da competição pelo da participação" (Bauman, 2000 [1999], p.186).[9] No momento em que o Estado se compromete a garantir a todos os cidadãos o necessário para sua sobrevivência digna, reassume seu papel de promotor do bem comum. Ao que parece, Bauman julga que, assegurado o provimento de suas necessidades, as pessoas vão, como que automaticamente, ampliar a participação política. Para sustentar tal conclusão, afirma que "o direito universal à renda vai baixar as apostas no jogo do consumo, uma vez que entrar nele não será mais uma questão de sobrevivência" (Bauman, 2000 [1999], p.190). A ideia de que a sociedade de consumo é fundada na busca de sobrevivência de suas vítimas, porém, soa bizarra e não é explicada pelo autor.

Gorz criticou duramente a proposta de renda básica, encarando suas consequências políticas de forma oposta à de Bauman. Ela contribuiria para a atomização dos indivíduos, eliminando o espaço público associado às atividades econômicas, sem apresentar outro em troca (Gorz, 1991, p.174). Mais importante ainda, de seu ponto de vista, era a objeção moral. A alocação universal "permite à sociedade não se ocupar da repartição equitativa do fardo" do trabalho (Gorz, 1991, p.176). A sociedade seria cortada em dois, alguns permanecendo vinculados a um etos aquisitivo, buscando maior retribuição monetária e, assim, maiores possibilidades de consumo, e outros se eximindo de dar sua contribuição para o bem-estar coletivo.

Embora pudesse até eliminar a condenação da maioria da população ao assalariamento, a renda básica permaneceria compatível

---

9   Na citação, corrigi o equívoco evidente da tradução brasileira, que substitui "competição" por "participação" e vice-versa.

CONSENSO E CONFLITO NA DEMOCRACIA CONTEMPORÂNEA    187

com a monetarização das relações sociais e não contribuiria para a geração de uma nova solidariedade, que superasse o individualismo egoísta das sociedades capitalistas. Excluídos pela *sociedade*, que os condena à marginalidade, os beneficiários do rendimento universal receberiam do *Estado* um auxílio destinando a garantir sua subsistência, sem reinseri-los no tecido social. Em suma, o projeto desempenharia um papel conservador, visando apenas "tornar socialmente suportável a dominação [da racionalidade econômica] sobre a sociedade" (Gorz, 1988, p.165) e negando a uma parcela da população o "direito de acesso à esfera econômica pública através do próprio trabalho [que] é indissociável do direito à cidadania" (Gorz, 1988, p.175).

Aceitável, no máximo, como medida de transição, enquanto o trabalho é redistribuído, a medida reaparece de forma bem diferente na figura do "segundo cheque", a proposta de Guy Aznar (1995 [1993]) endossada por Gorz. Trata-se de uma compensação social, que recompõe a renda caso a redução da jornada implique redução do salário. Mas, ao contrário da renda básica universal, o rendimento concedido pelo Estado não está desvinculado da participação de todos na esfera pública do trabalho. Trata-se de um incentivo para a redução da jornada nas empresas, de forma que mais pessoas participem da produção, visando redistribuir o trabalho socialmente necessário.

Em suas obras finais, porém, Gorz recuou dessa posição. Ele passou a admitir que os projetos de renda básica universal são politicamente mais viáveis; ao mesmo tempo, reconheceu que a realidade das economias contemporâneas, "pós-fordistas", impõe graves obstáculos ao cálculo do tempo de trabalho, necessário em seu esquema anterior. Embora sejam acrescentadas certas condições para a boa implementação de uma política de alocação incondicional de renda, incluindo a busca de novas formas de cooperação e de sociabilidade, tal mudança representa um sério aviltamento – em nome do "realismo" – do projeto utópico desenvolvido nos escritores anteriores, fato do qual, aliás, o autor demonstra estar consciente (Gorz, 1997, p.130-56).

188  LUIS FELIPE MIGUEL

Como visto, a desvinculação entre o trabalho e o direito à subsistência, que está no cerne da proposta de renda básica incondicional, ampliaria de forma substantiva a capacidade que a maioria das pessoas tem de decidir como deseja tocar a própria vida, isto é, "a liberdade real de levar a própria vida da forma como se desejar" (Van Parijs, 1992, p.470). Mas tal liberdade é entendida como pertencendo exclusivamente à esfera privada, sem que sejam previstas medidas de ampliação da autonomia coletiva no Estado ou na gestão da economia.

Da mesma forma que o modelo de Gorz, a renda básica universal pressupõe uma sociedade altamente industrializada, com elevadíssima produtividade, de modo que o trabalho de alguns seja suficiente para suprir as necessidades de todos. Para o resto do mundo, parece que a única alternativa é trilhar o mesmo caminho dos países capitalistas desenvolvidos e, lá chegando, adotar seu próprio sistema de renda incondicional. Por vezes, os autores que defendem a proposta apresentam um reconhecimento protocolar dos problemas da justiça internacional, apenas para afirmar que eles não serão abordados (Van Parijs, 1991, p.102). No entanto, trata-se de uma questão importante, ainda que se deixe de lado a ideia de imperialismo, isto é, a investigação sobre o papel da transferência de riquezas dos países pobres na prosperidade do chamado "primeiro mundo".

Um dos mais graves problemas enfrentados nos países para os quais a proposta de renda básica se dirige é a presença de um vasto contingente de imigrantes de nações pobres, que não são admitidos à cidadania, estão submetidos a condições precárias de vida e tornam-se o bode expiatório do discurso xenófobo da extrema-direita. Uma política de salário-cidadão não pode acolhê-los, pois pressionariam em excesso os recursos disponíveis – ainda que admita os atuais residentes, não teria como absorver novas levas de imigrantes, seguramente ainda mais numerosas, atraídas pela própria existência da renda incondicional.

Restam duas alternativas: um extremo rigor policial, para impedir a entrada e permanência de estrangeiros, ou um sistema com

CONSENSO E CONFLITO NA DEMOCRACIA CONTEMPORÂNEA 189

duas castas, no qual os estrangeiros não receberiam o benefício da renda básica e continuariam dependentes da venda da sua força de trabalho para sobreviver. No primeiro caso, a utopia tomaria a estranha forma de uma sociedade de vigilância permanente, com um aparato repressivo alargado. (Não custa observar que, nas condições de liberdade da obrigação de trabalhar que o modelo produz, a manutenção de tal aparato seria extremamente dispendiosa.) No segundo caso, há a geração de uma profunda desigualdade social, um verdadeiro *apartheid* entre cidadãos e imigrantes. E a simples presença dos trabalhadores estrangeiros, ainda constrangidos pelo aguilhão da necessidade, anularia um dos benefícios esperados, o fortalecimento da posição dos vendedores de mão de obra *vis-à-vis* o capital.

## A loteria total

A proposta utópica mais radical, que implica a transformação mais extensa da ordem social, é a de Barbara Goodwin e consiste em fazer dos sorteios o meio universal de alocação de recursos escassos, a começar pelas posições de poder e prestígio. O apelo ao acaso é, em geral, considerado uma confissão da falência no uso da razão. No entanto, a escolha aleatória é um método útil em situações nas quais os custos da decisão são demasiado elevados ou ninguém quer arcar com a responsabilidade moral por ela. As loterias são igualitárias, imunes à corrupção e evitam o conflito sobre critérios de merecimento (Elster, 1992, p.72).

A proposta de Goodwin parte do entendimento radical de que nossas vidas são em grande medida condicionadas por um acaso inicial, a "loteria do nascimento". Ela determina nossas características genéticas e, muito mais importante, a posição de onde partimos na sociedade, que faz com que herdemos não apenas bens, mas *status*, formação cultural, títulos e contatos com outras pessoas. A família é o mais renitente instrumento de perpetuação de desigualdades sociais, justamente por desempenhar múltiplas funções – afetivas, econômicas, educacionais e outras –, o que faz que sugestões para que seja abolida, à la Platão, em geral pareçam muito pouco atraentes.

Se não é possível eliminar a loteria do nascimento, então o caminho é reduzir ao máximo a sua influência. Ela deixa de ser "a" loteria, aquela que define de uma vez por todas as possibilidades de cada um no espaço social, para se tornar apenas a primeira de uma longa série. A inspiração de Goodwin é "La lotería en Babilonia", um conto de Borges (1974 [1944]), que ela lê, com exagero, como uma sátira ao capitalismo, denunciando que as hierarquias sociais não refletem mérito ou escolhas, mas apenas o acaso (Goodwin, 1992, p.28). No conto, insatisfeitos com o método convencional de premiação das loterias, os babilônios adotam um modelo mais emocionante, em que passam a ser sorteadas também punições. Ao final, toda a ordem social está dependente dos resultados lotéricos.

À maneira das narrativas utópicas renascentistas, Goodwin abre seu livro com a descrição de Aleatoria, sociedade imaginária na qual tudo é decidido pela sorte, do recrutamento das forças policiais ao número de filhos de cada mulher, de quem serão os magistrados à casa em que cada um vai residir. Nos capítulos seguintes, analisa os pontos fortes e fracos do projeto, avaliando potencialidades e limites da introdução da loteria como mecanismo de distribuição de bens e posições nos diversos campos sociais.

A sociedade lotérica representa uma tentativa de combinação entre os valores da diversidade e da igualdade. Os projetos socialistas tendem, muitas vezes, a uma equalização excessiva das condições de existência, o que, na concepção de Goodwin, representa uma perda. A convivência com uma multiplicidade de modos de vida é um valor em si mesma e deve ser preservada; como ela depende da diferença não apenas cultural, mas também de recursos materiais, implica a manutenção de um grau razoavelmente elevado de desigualdade econômica.

Para garantir que o caráter igualitário da utopia vingará, Goodwin imagina três mecanismos principais. Primeiro, a dissociação entre as diversas vantagens de cada posição no espaço social. Uma das peculiaridades mais perversas do mundo em que vivemos é que

CONSENSO E CONFLITO NA DEMOCRACIA CONTEMPORÂNEA **191**

os desprivilegiados e os privilegiados tendem a se manter como tal em *todas* as dimensões. Os trabalhos mais gratificantes são em geral aqueles com maior prestígio social e com melhores salários; portanto, seus ocupantes costumam morar em casas maiores e mais cômodas, que são também mais bem localizadas; os ocupantes dessas casas melhores possuem mais itens de conforto e consomem produtos de melhor qualidade, têm mais acesso ao lazer e à cultura e viajam com mais frequência. A lista de vantagens cumulativas é quase interminável. O projeto de Goodwin separa *trabalho* de *renda* (e portanto de consumo) e também de *moradia*. Os diferentes empregos – estimulantes ou enfadonhos, satisfatórios ou desgastantes – serão distribuídos de forma aleatória e os diferentes salários também, mas em sorteios independentes. O mesmo vale para as habitações.

O segundo mecanismo é a rotatividade. As diferentes posições serão redistribuídas periodicamente, o que garante que a diversidade de modos de vida não será experimentada apenas ao nível social, mas também pessoal. Embora, num determinado momento, A esteja em situação inferior a B, em termos de *status* ou renda, em seguida as posições podem se inverter. A rotação é caracterizada como sendo o método justo de distribuição para bens indivisíveis de uso exclusivo (Goodwin, 1992, p.58), como é o caso dos bons empregos e das boas moradias. (A renda poderia sofrer divisão equitativa, mas feriria a diversidade procurada e enfraqueceria o primeiro mecanismo compensatório.)

O terceiro mecanismo, enfim, é a limitação da aleatoriedade. Não será possível que a sorte (ou o azar) perpetue alguém numa posição; afinal, o objetivo é fazer que cada pessoa experimente diferentes tipos de trabalho e de modos de vida, recebendo uma parcela equilibrada das vantagens e desvantagens (Goodwin, 1992, p.9). O resultado é uma espécie de "aleatoriedade vigiada". Embora a autora critique Rawls por postular implicitamente que todos os participantes de sua "posição original" teriam aversão ao risco, evitando produzir uma sociedade injusta por temor de ficar no polo negativo da injustiça (Goodwin, 1992, p.32), esse mecanismo reduz de forma brutal as incertezas existentes em sua utopia lotérica.

192   LUIS FELIPE MIGUEL

Embora o ponto não seja discutido por Goodwin, a implementação de sua utopia exige a estatização dos meios de produção – ainda que alguns possam ficar na posição de rentistas e outros, de administradores de empresas, as posições devem estar disponíveis para outros no momento do sorteio seguinte. Além dos proprietários, a proposta enfrentaria a oposição dos detentores do poder político, assalariados com alta renda, ocupantes dos melhores empregos, enfim, de todos aqueles que de alguma maneira se encontram em posições de elite. A autora está consciente do fato, mas evita qualquer discussão sobre a transição.

Os dois principais problemas da sociedade lotérica são identificados com facilidade. O primeiro diz respeito às ocupações especializadas (algo que também afeta, embora em menor medida, a utopia de Gorz). Seria razoável preencher por sorteio funções delicadas e que exigem anos de preparo prévio, como, digamos, as de engenheiro nuclear ou neurocirurgião?

Em favor da proposta de Goodwin, é necessário dizer que, por mais vistosas que sejam, tais profissões ocupam uma parcela bastante minoritária da população economicamente ativa. Os postos de trabalho mais numerosos exigem relativamente pouca qualificação – trabalhos braçais, empregos de escritório e assemelhados. No entanto, são em geral as ocupações mais especializadas que atraem a imaginação das pessoas e conferem charme à alternativa lotérica. Pouca gente se entusiasmaria com a possibilidade de experimentar posições sucessivas de pedreiro, motorista, bancário, porteiro e faxineiro, sonhando antes em ser cosmonauta, médico, piloto de avião, violoncelista ou trapezista.

Por um lado, é possível argumentar que, da mesma forma que atividades hoje corriqueiras foram no passado exclusivas de especialistas (ler e escrever, dominar uma língua estrangeira, usar o computador), podemos banalizar várias competências que ainda se mantêm exclusivas, muitas vezes por pressão de profissionais desejosos de manter seus privilégios – um ponto que é desenvolvido por Gorz (1988, p.101-2). Por outro, a sociedade deve estar adaptada à polivalência de seus integrantes. Por exemplo, um sistema legal

CONSENSO E CONFLITO NA DEMOCRACIA CONTEMPORÂNEA    193

simplificado facilita o trabalho de juízes e advogados selecionados por sorteio (Goodwin, 1992, p.8). Mas restam muitos casos que não são passíveis de resolução nem pela disseminação dos saberes necessários, nem pela redução da complexidade das tarefas. Para estes, o que se aponta é uma solução intermediária: os profissionais também executarão, eventualmente, trabalhos não especializados (Goodwin, 1992, p.11).

Fica claro que a utopia é projetada para uma sociedade extremamente próspera, capaz tanto de prover os múltiplos treinamentos necessários para que cada indivíduo exerça suas atividades sucessivas quanto de dispensar o trabalho de profissionais com alta qualificação. Mesmo no caso de profissões menos especializadas, o custo da anulação sistemática da experiência acumulada pode ser significativo. O desperdício de recursos humanos é alto, bem como o risco de incompetência no exercício das diversas funções – este último agravado pela inexistência de grupos com continuidade significativa em qualquer campo de atividade.[10]

O segundo grande problema da utopia lotérica é a ausência de liberdade individual. Mesmo deixando de lado as medidas mais extremas – como a imposição do número de filhos por mulher –, a ausência da possibilidade de escolher uma carreira ou o local de moradia reduz, de forma muito significativa, a capacidade que cada pessoa tem de escolher o rumo da própria vida (ou, para usar a linguagem da filosofia política, de perseguir sua própria concepção de bem). A resposta à crítica passa pela negação da possibilidade de liberdade real, com uma radicalização da denúncia (marxista, mas não só) da vacuidade das liberdades formais sob as condições da sociedade capitalista.

---

10 Uma das consequências negativas esperadas em caso de aumento da rotatividade nos cargos públicos, por exemplo, é a ampliação do poder da burocracia, que teria maior familiaridade com seu trabalho e, portanto, um saber superior. Como na utopia lotérica a burocracia também carece de permanência, tal problema não existe, mas ao mesmo tempo desaparecem os benefícios advindos da presença de um grupo com experiência nas suas funções.

194  LUIS FELIPE MIGUEL

O que limita a liberdade é a escassez, o fato de que, para darmos curso às nossas escolhas, precisamos de meios de que muitas vezes não podemos dispor. Hoje, a escassez é "resolvida" pelo mercado, isto é, em prejuízo sistemático dos mais pobres e dos mais frágeis (Goodwin, 1992, p.178). Para estes, a liberdade de controlar a própria vida é uma quimera. De maneira esquemática, é razoável dizer que o comunismo marxista imaginava a completa superação da escassez (e, portanto, a liberdade total para todos). O igualitarismo socialista distribui riqueza e escassez entre todos, em parcelas idênticas, gerando uma sociedade com baixa diversidade. Descrente na abundância absoluta vislumbrada por Marx e descontente com a mediocridade que detecta no socialismo, a utopia lotérica descarta a liberdade individual como valor, por irrealizável. Em seu lugar, deseja dar a cada um e cada uma oportunidades para seguir variados caminhos, em vez de ter uma única trajetória de vida, determinada pela loteria do nascimento.

## Conclusão

A exposição evidenciou que as cinco propostas utópicas aqui discutidas são bastante diferenciadas quanto ao estatuto político que possuem. O projeto de Barbara Goodwin é uma provocação intelectual, sem intenção de se tornar uma diretriz para a ação política, destinada a revelar as perversidades da ordem liberal. Em sentido oposto (e com maior repercussão), o anarcocapitalismo cumpre função similar. Longe de ser um modelo que almeja ser implementado, é um reforço ideológico para a equação que iguala o mercado à liberdade e o Estado à opressão. Numa curiosa transformação, quando se lembra das denúncias contra o "comitê gestor dos interesses da burguesia", no século XIX e primeira metade do século XX, são as propostas vinculadas ao ideário histórico da esquerda que exigem um aparelho estatal consideravelmente fortalecido, capaz de reger toda a organização social.

Já o projeto de renda básica universal, desenvolvido em grande detalhe e com diversas simulações por redes de pesquisadores

CONSENSO E CONFLITO NA DEMOCRACIA CONTEMPORÂNEA   **195**

e ativistas como o Basic Income Earth Network, é uma plataforma atuante no ambiente europeu ocidental, impondo-se como uma alternativa a ser levada a sério no campo político. As utopias de Gorz e, ainda mais, de Roemer não conseguiram alcançar tal patamar, embora aspirassem a isso.

O quadro I, a seguir, sintetiza as principais características dos cinco modelos utópicos estudados. O de Gorz se destaca pela aposta na redução do espaço das relações instrumentais entre as pessoas, valorizando a convivencialidade mais solidária, apreciada por si mesma e "desinteressada". Uma preocupação similar pode ser vislumbrada no projeto de renda básica universal, mas apenas de forma tênue, e está ausente por completo nos outros.

A solidariedade presente na proposta de Van Parijs é "fria", mediada pelo aparato estatal, realizando-se na transferência de riqueza que permite a alguns dispensarem uma obrigação de trabalhar que encaram como um fardo. Não há a aposta em – e o estímulo a – trocas diretas generosas entre os integrantes da sociedade, como ocorre na utopia dualista. Nesse sentido, o modelo apresentado por Gorz implica um desafio muito mais elevado, na busca pela construção de um mundo social diferente. Seu esforço tem como núcleo a redução ao mínimo possível do espaço destinado à operação dos mecanismos de mercado, entendidos como alienantes em si mesmos e opostos à interação humana solidária. Ele se contrapõe não apenas aos anarcocapitalistas, como é óbvio, mas também às outras propostas de esquerda, que mantêm as trocas mercantis, ainda quando constrangendo-as severamente (como no caso de Goodwin).

Assim, Gorz e, em menor medida, Van Parijs se encontram num polo, em oposição ao qual estão os anarcocapitalistas e, com feições bem mais moderadas, Roemer. É a escala relativa à continuidade ou à transformação das motivações humanas dominantes nas sociedades atuais – questão que, em si, sempre foi crucial para o pensamento utópico. Goodwin se mantém numa posição excêntrica; para ela, a questão das motivações é irrelevante, pois se trata de impelir todos a experimentarem uma diversidade de modos de vida.

Quadro I: Comparação entre os modelos utópicos

| Modelo | Bem a ser distribuído | Mecanismos | Benefícios esperados | Problemas |
|---|---|---|---|---|
| Anarcocapitalismo (David Friedman, Rothbard) | independência | – universalização das relações de mercado<br>– abolição do Estado | – inexistência de aparatos coercitivos<br>– plena liberdade individual | – insegurança social<br>– exacerbação das desigualdades<br>– penúria material reduz capacidade de gozar dos benefícios esperados<br>– defesa externa |
| Renda básica incondicional (Van Parijs) | renda | – renda suficiente para uma vida digna, distribuída a todos os cidadãos | – efetiva liberdade de escolha (trabalhar ou não trabalhar) | – necessidade de manutenção de incentivos materiais, sob risco de crise de produção<br>– absorção ou contenção de imigrantes |
| Socialismo de ações (Roemer) | propriedade dos meios de produção | – duplo padrão monetário<br>– dissociação entre controle do capital e riqueza material<br>– extinção do direito de herança para o controle do capital | – efetiva igualdade de oportunidades<br>– manutenção das vantagens da economia de mercado sem a desigualdade que ela produz | – possível incompetência dos investidores ou gestão burocrática do mercado de ações<br>– possibilidade de crise de desinvestimento devido à impossibilidade de legar o capital como herança<br>– permanência da alienação no trabalho |
| Sociedade dual (Gorz) | tempo livre | – alocação equitativa do trabalho socialmente necessário<br>– economia "dual", com setores heterônomo e autônomo | – possibilidade de desenvolvimento pleno das capacidades individuais, graças ao trânsito entre múltiplas ocupações<br>– justa distribuição dos encargos sociais<br>– redução das relações pessoais mediadas pela moeda | – o modelo não lida a contento com as tarefas que consomem mão de obra de forma intensiva (educação, saúde)<br>– perda de eficiência e desperdício de recursos humanos, decorrente da ausência de especialização<br>– absorção ou contenção de imigrantes |
| Sociedade lotérica (Goodwin) | chance | – alocação de bens sociais por sorteios<br>– dissociação entre renda, status e conforto | – multiplicação das experiências individuais<br>– combinação de efetiva igualdade com diversidade social | – autoritarismo<br>– incerteza extrema<br>– perda de eficiência e desperdício de recursos humanos, decorrente da ausência de especialização |

CONSENSO E CONFLITO NA DEMOCRACIA CONTEMPORÂNEA **197**

Em todos os cinco modelos utópicos, os problemas sem resposta são grandes o suficiente para comprometer a realização dos benefícios esperados. Mas o mesmo pode ser dito das sociedades em que vivemos; suas promessas (de democracia, de liberdade, de segurança, de igualdade, de abundância, de paz) permanecem em larga medida incumpridas. Talvez seja exagerado dizer, como fez retoricamente um colaborador de Gorz, Gunnar Adler-Karlsson, que os problemas das propostas utópicas seriam solucionados se dessa tarefa se ocupasse "um centésimo do pessoal e dos economistas" que hoje se empenham na salvação da sociedade atual (apud Gorz, 1988, p.262). Não resta dúvida, por outro lado, que os impasses existentes hoje dificilmente serão resolvidos no quadro institucional existente – o que não quer dizer que o "sistema" seja incapaz de se reproduzir por um período indeterminado, e sim que ele é cada vez mais incapaz de realizar os valores que abraça ostensivamente.

Ao criticar o mundo presente e mostrar que outras opções são possíveis – ainda que com lacunas –, o pensamento utópico cumpre o seu papel, espanando a acomodação diante de conceitos, categorias e formas de reflexão dominantes. Mais do que legitimar a ordem existente, o discurso da ideologia muitas vezes nega viabilidade a qualquer alternativa: faz que pensemos que "o mundo é mesmo assim" e, por consequência, nos conformemos com o jeito que ele é. Por isso, o discurso anti-ideológico carrega necessariamente um componente utópico (como já dizia o velho Mannheim). Com suas limitações, com suas imperfeições, em muitos casos mesmo com sua falta de ousadia, as propostas de Roemer, Gorz, Van Parijs e Goodwin reafirmam esse fato.

# Referências bibliográficas

ALMEIDA, Débora Rezende de. Representação política e conferências: os desafios da inclusão da pluralidade. *Textos para Discussão*, n.1750. Brasília: IPEA, 2012.

ALMEIDA, Lenildes Ribeiro da Silva. Pierre Bourdieu: a transformação social no contexto de *A reprodução*, *Interações*, v.30, n.1, 2005, p.139-55.

ALTAMIRA, Carlos. *Os marxismos do novo século*. Rio de Janeiro: Civilização Brasileira, 2008 [2006].

AMARAL, Oswaldo E. do. *A estrela não é mais vermelha: as mudanças no programa petista nos anos 90*. São Paulo: Garçoni, 2003.

ANDERSON, Perry. Balanço do neoliberalismo. In: SADER, Emir; GENTILI, Pablo (orgs.), *Pós-neoliberalismo: as políticas sociais e o Estado democrático*. São Paulo: Paz e Terra, 1995.

ARCHER, Margaret S. *Making our Way Through the World: Human Reflexivity and Social Mobility*. Cambridge: Cambridge University Press, 2007.

ARENDT, Hannah. *Lições sobre a filosofia política de Kant*. Rio de Janeiro: Relume Dumará, 1993 [1982].

_____. *Sobre a revolução*. São Paulo: Companhia das Letras, 2011 [1963].

ARISTÓTELES. *Política*. São Paulo: Martins Fontes, 1991 [c. 330 a.C.].

AVRITZER, Leonardo. Sociedade civil, instituições participativas e representação: da autorização à legitimidade da ação. *Dados*, v.50, n.3, 2007, p.443-64.

200  LUIS FELIPE MIGUEL

AVRITZER, Leonardo. (org.). *A dinâmica da participação local no Brasil.* São Paulo: Cortez, 2011.

AZNAR, Guy. *Trabalhar menos para trabalharem todos.* São Paulo: Scritta, 1995 [1993].

BACZKO, Bronisław. *Les imaginaires sociaux: mémoires et espoirs collectifs.* Paris: Payot, 1984.

BAUMAN, Zygmunt. *Em busca da política.* Rio de Janeiro: Jorge Zahar, 2000 [1999].

BENHABIB, Seyla. Sobre um modelo deliberativo de legitimidade democrática. In: WERLE, Denílson; MELO, Rúrion Soares (orgs.). *Democracia deliberativa.* São Paulo: Esfera Pública, 2007 [1994].

BERLIN, Isaiah. Two concepts of liberty. In: *Four Essays on Liberty.* Oxford: Oxford University Press, 1969.

BEZERRA, Marcos Otávio. *Em nome das bases: política, favor e dependência pessoal.* Rio de Janeiro: Relume Dumará, 1999.

BICKFORD, Susan. *The Dissonance of Democracy: listening, conflict, and citizenship.* Ithaca: Cornell University Press, 1996.

BIROLI, Flávia; MIGUEL, Luis Felipe. Orgulho e preconceito: a "objetividade" como mediadora entre jornalismo e seu público, *Opinião Pública*, v.18, n.1, 2012, p.22-43.

_____. Meios de comunicação, voto e conflito político no Brasil. *Revista Brasileira de Ciências Sociais*, n.81, 2013, p.77-95.

BOBBIO, Norberto. *O futuro da democracia: uma defesa das regras do jogo.* Rio de Janeiro: Paz e Terra, 1986 [1984].

BOLTANSKI, Luc; CHIAPELLO, Ève. *Le nouvel esprit du capitalisme.* Paris: Gallimard, 1999.

BORGES, Jorge Luis. La lotería en Babilonia. In: *Obras completas.* Buenos Aires: Emecé, 1974 [1944].

BORGES, Laryssa. Cartas a Lula pedem casa, plástica e até fim do Carnaval. *Portal Terra* (online), 2009. Disponível em: <http://noticias. terra.com.br/brasil/noticias/0,,OI3604011-EI7896,00-Cartas+a+ Lula+pedem+casa+plastica+e+ate+fim+do+Carnaval.html>. Acesso em: 3 mar. 2012.

BORON, Atilio A. *Estado, capitalismo e democracia na América Latina.* São Paulo: Paz e Terra, 1994 [1991].

BOURDIEU, Pierre. *La distinction: critique sociale du jugement.* Paris: Minuit, 1979. [Ed. Bras.: *A distinção: crítica social do julgamento.* 2.ed. Porto Alegre: Zouk, 2011.]

CONSENSO E CONFLITO NA DEMOCRACIA CONTEMPORÂNEA 201

BOURDIEU, Pierre. *Le sens pratique*. Paris: Minuit, 1980. [Ed. Bras.: *O senso prático*. Petrópolis, RJ: Vozes, 2009.]

_____. La représentation politique. Éléments pour une théorie du champ politique, *Actes de la Recherche en Sciences Sociales*, n.36-7, 1981, p.3-24.

_____. L'institutionnalisation de l'anomie. *Les Cahiers du Musée National d'Art Moderne*, n.19-20, 1987, p.6-19.

_____. *La noblesse d'État: grandes écoles et esprit de corps*. Paris: Minuit, 1989.

_____. *Coisas ditas*. São Paulo: Brasiliense, 1990 [1987].

_____. *Les règles de l'art: genèse et structure du champ littéraire*. Paris: Seuil, 1992a. [Ed. Bras.: *As regras da arte: gênese e estrutura do campo literário*. São Paulo: Companhia das Letras, 1996.]

_____. *Réponses: pour une anthropologie réflexive* (com Loic J. D. Wacquant). Paris: Seuil, 1992b.

_____. Comprendre. In: BOURDIEU, Pierre (dir.). *La misère du monde*. Paris: Seuil, 1993.

_____. *Raisons pratiques: sur la théorie de l'action*. Paris: Seuil, 1994. [Ed. Bras.: *Razões práticas: sobre a teoria da ação*. São Paulo: Papirus, 1996.]

_____. *Sur la télévision*, suivi de L'emprise du journalisme. Paris: Liber, 1996. [Ed. Bras.: *Sobre a televisão*. Rio de Janeiro: Zahar, 1997.]

_____. *Médiations pascaliennes*. Paris: Seuil, 1997a. [Ed. Bras.: *Meditações pascalianas*. Rio de Janeiro: Bertrand Brasil, 2001.]

_____. *Les usages sociaux de la science*: pour une sociologie clinique du champ scientifique. Paris: INRA, 1997b. [Ed. Bras.: *Os usos sociais da ciência*. São Paulo: Editora Unesp, 2004.]

_____. *La domination masculine*. Paris: Seuil, 1998a [Ed. Bras.: *A dominação masculina*. Rio de Janeiro: Record, 2014.]

_____. *Contre-feux*. Paris: Liber, 1998b [Ed. Bras.: *Contrafogos*. Rio de Janeiro: Zahar, 1998.]

_____. *Propos sur le champ politique*. Lyon: Presses Universitaires de Lyon, 2000a.

_____. *Esquisse d'une théorie de la pratique, précédé de trois études d'ethnologie kabyle*. Paris: Seuil, 2000b [1972].

_____. The political field, the social science field, and the journalist field. In: BENSON, Rodney; NEVEU, Erik (eds.). *Bourdieu and the Journalistic Field*. Cambridge: Polity, 2005.

_____. *Sur l'État: cours au Collège de France (1989-1992)*. Paris: Seuil, 2012. [Ed. Bras.: *Sobre o Estado*. São Paulo: Companhia das Letras, 2014.]

202  LUIS FELIPE MIGUEL

BOURDIEU, Pierre; PASSERON, Jean-Claude. *La reproduction: élements pour une théorie du système d'enseignement*. Paris: Minuit, 1970.

_____; CHARTIER, Roger. *Le sociologue et l'historien*. Paris: Agone, Raisons d'Agir, 2010.

BRIGHOUSE, Harry. Transitional and utopian market socialism. In: WRIGHT, Erik Olin (ed.). *Equal Shares*: Making Market Socialism Work. London: Verso, 1996.

BURKE, Edmund. Discurso a los electores de Bristol. In: *Textos políticos*. México: Fondo de Cultura Económica, 1942 [1774].

_____. *Considerações sobre a revolução em França*. Brasília: Editora UnB, 1982 [1790].

CALHOUN, Craig. Habitus, field, and capital: the question of historic specificity. In: CALHOUN, Craig; LIPUMA, Edward; POSTONE, Moishe (eds.). *Bourdieu: Critical Perspectives*. Chicago: The University of Chicago Press, 1993.

CALLINICOS, Alex. Social theory put to the test of politics: Pierre Bourdieu and Anthony Giddens, *New Left Review*, n.236, 1999, p.77-102.

_____. *Equality*. Cambridge: Polity, 2000.

CAPELATO, Maria Helena Rolim. *Multidões em cena*: propaganda política no varguismo e no peronismo. Campinas: Papirus, 1998.

CATANI, Afrânio Mendes; CATANI, Denice Bárbara; PEREIRA, Gilson R. de M. As apropriações da obra de Pierre Bourdieu no campo educacional brasileiro, através de periódicos da área, *Revista Brasileira de Educação*, n.17, 2001, p.63-85.

CATEPHORES, George . The imperious Austrian: Schumpeter as bourgeois Marxist, *New Left Review*, n.205, 1994, p.3-30.

CHAIA, Vera. *A liderança política de Jânio Quadros (1947-1990)*. Ibitinga: Humanidades, 1991.

CHAUI, Marilena. Raízes teológicas do populismo no Brasil: teocracia dos dominantes, messianismo dos dominados. In: DAGNINO, Evelina (org.). *Anos 90: política e sociedade no Brasil*. São Paulo, Brasiliense, 1994.

CHODOROW, Nancy. *The Reproduction of Mothering*: Psychoanalysis and the Sociology of Gender. Berkeley: University of California Press, 1978.

CHRISTIANO, Thomas. *The Rule of the Many*: Fundamental Issues in Democratic Theory. Boulder: Westview, 1996.

CLASTRES, Pierre. *A sociedade contra o Estado: pesquisas de antropologia política*. Rio de Janeiro: Francisco Alves, 1988 [1974].

CONSENSO E CONFLITO NA DEMOCRACIA CONTEMPORÂNEA 203

COHEN, Joshua. Democracy and liberty. In: ELSTER, Jon (ed.). *Deliberative Democracy*. Cambridge: Cambridge University Press, 1998.

CONSTANT, Benjamin. De la liberté des anciens comparées à celle des modernes. In: *Écrits politiques*. Paris: Gallimard, 1997 [1819].

CORRÊA, Mariza. Bourdieu e o sexo da dominação. *Novos Estudos Cebrap*, n.54, 1999, p.43-54.

DAHL, Robert A. *Um prefácio à democracia econômica*. Rio de Janeiro: Jorge Zahar, 1990 [1985].

DAHRENDORF, Ralf. *Reflexões sobre a revolução na Europa*. Rio de Janeiro: Jorge Zahar, 1991 [1990].

DALY, Mary. *Beyond God the Father*: Toward a Philosophy of Women's Liberation. Boston: Beacon Press, 1973.

DARNTON, Robert. *The Great Cat Massacre and Other Episodes in French Cultural History*. New York: Basic Books, 1984. [Ed. Bras.: *O grande massacre de gatos e outros episódios da história cultural francesa*. São Paulo: Graal, 1986.]

DAVIS, Natalie Zemon. *Histórias de perdão e seus narradores na França do século XVI*. São Paulo: Companhia das Letras, 2001 [1987].

DEBRAY, Régis. *Critique de la raison politique*. Paris: Gallimard, 1981.

DOAN, Alesha E. *Opposition & Intimidation*: The Abortion Wars and Strategies of Political Harassment. Ann Arbor: The University of Michigan Press, 2007.

DOWNS, Anthony. *An Economic Theory of Democracy*. New York: Harper & Brothers, 1957.

DRYZEK, John S. *Deliberative Democracy and Beyond*: Liberals, Critics, Contestations. Oxford: Oxford University Press, 2000.

_____. Deliberative democracy in divided societies: alternatives to agonism and analgesia, *Political Theory*, v.33, n.2, 2005, p.218-42.

_____. *Foundations and Frontiers of Deliberative Governance*. Oxford: Oxford University Press, 2010.

DWORKIN, Ronald. *Sovereign Virtue*: The Theory and Practice of Equality. Cambridge (MA): Harvard University Press, 2000. [Ed. Bras.: *A virtude soberana: a teoria e a prática da igualdade*. São Paulo: Martins Fontes, 2005.]

ELSHTAIN, Jean Bethke. *Public Man, Private Woman*: Women in Social and Political Thought. 2.edition. Princeton: Princeton University Press, 1993 [1981].

ELSTER, Jon. *Local Justice*: How Institutions Allocate Scarce Goods and Necessary Burdens. New York: Russell Sage, 1992.

204 LUIS FELIPE MIGUEL

ENGELS, Friedrich. Sobre a autoridade. In: MARX, Karl; ENGELS, Friedrich. *Obras escolhidas*. v.2. São Paulo: Alfa-Ômega, s.d. [1873].

FANON, Frantz. *Les damnés de la terre*. In: *Œuvres*. Paris: La Découverte, 2011 [1961].

FARIA, Cláudia Feres. Do ideal ao real: as consequências das mudanças conceituais na teoria da democracia deliberativa. *Paper* apresentado no 7º Encontro da Associação Brasileira de Ciência Política (ABCP). Recife, 4 a 7 de agosto, 2010.

FEDOZZI, Luciano et al. *Orçamento participativo de Porto Alegre*: perfil, avaliação e percepções do público participante. Porto Alegre: Hartmann, 2013.

FERNANDES, Sofia. Modelo do "Ocupe Wall St." se esgotou e perdeu a magia. Entrevista com Kalle Lasn. *Folha de S.Paulo*, 9/9/2012, p.A-14.

FERREIRA, Jorge. *Trabalhadores do Brasil*: o imaginário popular. Rio de Janeiro: FGV, 1997.

FIRESTONE, Sulamith. *The Dialectic of Sex*. New York: Bantam, 1970.

FOUCAULT, Michel. A vida dos homens infames. In: MOTTA, Manoel Barros da (org.). *Estratégia, poder-saber*. 2.ed. Rio de Janeiro, Forense Universitária, 2006 [1977].

FRASER, Nancy. *Justice Interruptus: Critical Reflections on the "Postsocialist" Condition*. Nova York: Routledge, 1997.

FREITAG, Barbara. *Escola, Estado e sociedade*. 7.ed. São Paulo: Centauro, 2005 [1977].

FREUND, Julien. *L'essence du politique*. Paris: Sirey, 1965.

FRIEDMAN, David. *The Machinery of Freedom*: Guide to a Radical Capitalism. 2.ed. Chicago: Open Court, 1989 [1973].

FRIEDMAN, Milton. *Capitalismo e liberdade*. São Paulo: Nova Cultural, 1985 [1962].

FUKUYAMA, Francis. *The End of History and the Last Man*. New York: Free Press, 1992.

GITLIN, Todd. *Occupy Nation*: The Roots, the Spirit, and the Promise of Occupy Wall Street. New York: ItBooks, 2012.

GOI, Simona. Agonism, deliberation, and the politics of abortion, *Polity*, v.37, n.1, 2005, p.54-81.

GOMES, Angela de Castro. *A invenção do trabalhismo*. 2.ed. Rio de Janeiro, Relume Dumará, 1994 [1988].

_____. A política brasileira em busca da modernidade: na fronteira entre o público e o privado. In: SCHWARCZ, Lilia Moritz (org.). *História da vida privada no Brasil*. v.4. São Paulo: Companhia das Letras, 1998.

CONSENSO E CONFLITO NA DEMOCRACIA CONTEMPORÂNEA **205**

GOMES, Angela de Castro. O populismo e as ciências sociais no Brasil: notas sobre a trajetória de um conceito. In: FERREIRA, Jorge (org.). *O populismo e sua história: debate e crítica.* Rio de Janeiro: Civilização Brasileira, 2001.

GOODWIN, Barbara. *Justice by Lottery.* Chicago: The University of Chicago Press, 1992.

GORZ, André. *Les chemins du paradis.* Paris: Galilée, 1983.

_____. *Adeus ao proletariado: para além do socialismo.* Rio de Janeiro: Forense-Universitária, 1987 [1980].

_____. *Métamorphoses du travail: quète du sens. Critique de la raison économique.* Paris: Galilée, 1988. [Ed. Bras.: *Metamorfoses do trabalho: crítica à razão econômica.* São Paulo: Annablume, 2003.]

_____. *Capitalisme, socialisme, écologie: désorientations, orientations.* Paris: Galilée, 1991.

_____. *Misères du présent, richesses du possible.* Paris: Galilée, 1997.

_____.*L'immatériel: connaissance, valeur et capital.* Paris: Galilée, 2003.

GRAMSCI, Antonio. Caderno 13: breves notas sobre a política de Maquiavel. In: *Cadernos do cárcere,* v.3. Rio de Janeiro: Civilização Brasileira, 2000 [1932-1934].

GURZA LAVALLE, Adrián; HOUTZAGER, Peter P.; CASTELLO, Graziela. Representação política e organizações civis: novas instâncias de mediação e os desafios da legitimidade. *Revista Brasileira de Ciências Sociais,* v.60, 2006, p.43-66.

GUTMANN, Amy; THOMPSON, Dennis. *Democracy and Disagreement.* Cambridge (MA): The Belknap Press, 1996.

HABERMAS, Jürgen. *Mudança estrutural da esfera pública.* Rio de Janeiro: Tempo Brasileiro, 1984 [1962].

_____. *Direito e democracia: entre facticidade e validade,* 2 vol. Rio de Janeiro: Tempo Brasileiro, 1997 [1992].

_____. *Teoría de la acción comunicativa.* 2v. 4.ed. Buenos Aires: Taurus, 2003 [1981]. [Ed. Bras.: *Teoria do agir comunicativo,* 2v. São Paulo: WMF Martins Fontes, 2012.]

HARTSOCK, Nancy C. M. The feminist standpoint: developing the ground for a specifically feminist historical materialism. In: *The Feminist Standpoint Revisited and Other Essays.* Boulder: Westview, 1998 [1983].

HARVEY, David. *A condição pós-moderna: uma pesquisa sobre as origens da mudança cultural.* São Paulo: Loyola, 1992 [1989].

HAYEK, Friedrich A. *O caminho da servidão.* Rio de Janeiro: Instituto Liberal, 1990 [1944].

## 206    LUIS FELIPE MIGUEL

HAYWARD, Clarissa Rile. Making interest: on representation and democratic legitimacy. In: SHAPIRO, Ian et al. (eds.). *Political Representation*. Cambridge: Cambridge University Press, 2009.

HEREDIA, Beatriz Maria Alasia de. Entre duas eleições: relações político-eleitor. In: HEREDIA, Beatriz; TEIXEIRA, Carla; BARREIRA, Irlys (orgs.). *Como se fazem eleições no Brasil*: estudos antropológicos. Rio de Janeiro: Relume Dumará, 2002.

HIRSCHMAN, Albert O. *De consumidor a cidadão*: atividade privada e participação na vida pública. São Paulo: Brasiliense, 1983 [1982].

_____. *A retórica da intransigência: perversidade, futilidade, ameaça*. São Paulo: Companhia das Letras, 1992 [1991].

HONNETH, Axel. Redistribution as recognition: a response to Nancy Fraser. In: FRASER, Nancy; HONNETH, Axel. *Redistribution or Recognition? A Political-Philosophical Exchange*. London: Verso, 2003.

_____. Recognition as ideology. In: BRINK, Bert Van Den; OWEN, David (eds.). *Recognition and Power: Axel Honneth and the tradition of critical social theory*. Cambridge: Cambridge University Press, 2007.

_____. *Luta por reconhecimento: a gramática moral dos conflitos sociais*. 2.ed. São Paulo: Editora 34, 2009 [1992].

HUME, David. *Investigações sobre o entendimento humano e sobre os princípios da moral*. São Paulo: Editora Unesp, 2003 [1748].

HUNTER, Wendy. *The Transformation of Workers' Party in Brazil, 1989-2009*. Cambridge: Cambridge University Press, 2010.

HUNTINGTON, Samuel P. *A terceira onda: a democratização no final do século XX*. São Paulo: Ática, 1994 [1991].

IANNI, Octavio. *O colapso do populismo no Brasil*. Rio de Janeiro: Civilização Brasileira, 1968.

JACKSON, W. M. John Rawls e Robert Nozick. In: FITZGERALD, Ross (org.). *Pensadores políticos comparados*. Brasília: Editora UnB, 1983 [1980].

KAPLAN, Francis. *L'embryon est-il un être vivant?* Paris: Le Félin, 2008.

KUSHNIR, Karina. *O cotidiano da política*. Rio de Janeiro: Jorge Zahar, 2000.

LA BOÉTIE, Étienne de. *Discurso da servidão voluntária*. São Paulo: Brasiliense, 1987 [1552].

LACLAU, Ernesto; MOUFFE, Chantal. *Hegemonía y estrategia socialista: hacia una radicalización de la democracia*. Madrid: Siglo Veintiuno, 1987 [1985]. [Ed. Bras.: *Hegemonia e estratégia socialista: por uma política democrática radical*. São Paulo: Intermeios, 2015.]

CONSENSO E CONFLITO NA DEMOCRACIA CONTEMPORÂNEA **207**

LEAL, Paulo Roberto Figueira. *O PT e o dilema da representação política: os deputados federais são representantes de quem?* Rio de Janeiro: FGV Editora, 2005.

LEFORT, Claude. *A invenção democrática: os limites do totalitarismo.* São Paulo: Brasiliense, 1983 [1981].

LÊNIN, Vladimir Ilitch. Sobre as tarefas do proletariado na presente revolução. In: *Teses de abril.* Lisboa: Avante, 1978 [1917].

_____. Sobre a dualidade de poderes. In: *Obras escolhidas em seis tomos,* v.3. Moscou: Progresso; Lisboa: Avante, 1985 [1917].

LOVELL, Terry. Nancy Fraser's integrated theory of justice: a "sociologically rich" model for a global capitalist era? In: LOVELL, Terry (ed.). *(Mis)recognition, Social Inequality and Social Justice: Nancy Fraser and Pierre Bourdieu.* London: Routledge, 2007.

LYOTARD, Jean-François. *Économie libidinale.* Paris: Minuit, 1974.

MACKIE, Gerry.All men are liars: is democracy meaningless?. In: ELSTER, Jon (ed.). *Deliberative Democracy.* Cambridge: Cambridge University Press, 1998.

MACPHERSON, C. B. *The political theory of possessive individualism: Hobbes to Locke.* Oxford: Oxford University Press, 1962.

_____. *A democracia liberal: origens e evolução.* Rio de Janeiro: Zahar, 1978 [1977].

MALBIN, Michael J. Small donors, large donors and the internet: campaign finance reform in New York after Obama. *Paper* apresentado no Rockefeller Institute of Government, State University of New York. Albany (NY), 4 jun. 2009.

MANIN, Bernard. *The Principles of Representative Government.* Cambridge: Cambridge University Press, 1997.

MANSBRIDGE, Jane J. *Beyond Adversary Democracy.* With a revised preface. Chicago: The University of Chicago Press, 1983 [1980].

_____. The rise and fall of self-interest in the explanation of political life. In: MANSBRIDGE, Jane J. (ed.). *Beyond Self-Interest.* Chicago: The University of Chicago Press, 1990.

_____. Altruistic trust. In: WARREN, Mark E. (ed.). *Democracy & Trust.* Cambridge: Cambridge University Press, 1999.

_____. Rethinking representation, *American Political Science Review,* v.97, n.4, 2003, p.515-28.

MAQUIAVEL. *Discursos sobre a primeira década de Tito Lívio.* São Paulo: Martins Fontes, 2007 [1513].

MARX, Karl. Le *Débat Social* sur l'Association Démocratique. In: MARX, Karl; ENGELS, Friedrich. *Utopisme & communauté de l'avenir*. Paris: Maspero, 1976 [1848].

_____. *El capital*. México: Siglo Veintiuno, 1988 [1861-79].

_____. *Sobre a questão judaica*. São Paulo: Boitempo, 2010 [1844].

McBRIDE, Cillian. Deliberative democracy and the politics of recognition, *Political Studies*, v.53, n.3, 2005, p.497-515.

MENDONÇA, Daniel de. Teorizando o agonismo: crítica a um modelo incompleto, *Sociedade e Estado*, v.25, n.3, 2010, p.479-97.

MENDONÇA, Ricardo Fabrino. Teoria crítica e deliberação: diálogos instáveis. *Paper* apresentado no 20º Encontro Anual da Associação Nacional de Programas de Pós-Graduação em Comunicação (Compós). Porto Alegre, 14-17/6/2011.

_____; CAL, Danila. A quem concerne o plebiscito sobre a divisão do estado do Pará? Legitimação e contestação do direito à fala em uma comunidade do Facebook. *Paper* apresentado no XXI Encontro Anual da Compós. Juiz de Fora, 12-15/6/2012.

MICHELS, Robert. *Sociologia dos partidos políticos*. Brasília: Editora UnB, 1982 [1911].

MIGUEL, Luis Felipe. *Mito e discurso político*. Campinas: Editora da Unicamp, 2000.

_____. Uma democracia esquálida: a teoria de Anthony Downs, *Política & Trabalho*, n.18, 2002, p.125-34.

_____. Democracia na periferia: receitas de revitalização democrática à luz da realidade brasileira, *Mediações*, v.8, n.1, 2003, p.9-23.

_____. From equality to opportunity: transformations in the discourse of Workers' Party in the 2002 elections, *Latin American Perspectives*, v.33, n.4, 2006, p.122-43.

_____. *O nascimento da política moderna*: Maquiavel, Utopia, reforma. Brasília: Editora UnB, 2007.

_____. Aborto e democracia. *Revista Estudos Feministas*, v.20, n.3, 2013, p.657-72.

_____. *Democracia e representação: territórios em disputa*. São Paulo: Editora Unesp, 2014a.

_____. Deliberacionismo e os limites da crítica: uma resposta, *Opinião Pública*, v.20, n.1, 2014b, p.118-31.

_____. Mecanismos de exclusão política e os limites da democracia liberal: uma conversa com Poulantzas, Offe e Bourdieu, *Novos Estudos*, n.98, 2014c, p.145-61.

MIGUEL, Luis Felipe. Violência e política, *Revista Brasileira de Ciências Sociais*, n.88, 2015a, p.29-44.

_____. Autonomia, paternalismo e dominação na formação das preferências, *Opinião Pública*, v.21, n.3, 2015b, p.601-25.

_____; MACHADO, Carlos. De partido de esquerda a partido de governo: o PT e suas coligações para prefeito (2000 a 2008). In: KRAUSE, Silvana; DANTAS, Humberto; MIGUEL, Luis Felipe (orgs.). *Coligações partidárias na nova democracia brasileira: perfis e tendências*. São Paulo: Editora Unesp; Rio de Janeiro: Fundação Konrad Adenauer, 2010.

MILIBAND, Ralph. *Socialismo e ceticismo*. São Paulo: Editora Unesp; Bauru: Edusc, 2000 [1994].

MILL, John Stuart. *Sobre a liberdade*. Petrópolis: Vozes, 1991 [1859].

_____. *O governo representativo*. São Paulo: Ibrasa, 1995 [1861].

MILLET, Kate. *Sexual Politics*. New York: Ballantine, 1969.

MITCHELL, William; WATTS, Martin. A comparison of the macroeconomic consequences of basic income and job guarantee schemes. *Working Papers*, n.4-5 (Centre of Full Employment and Equity), 2004, p.2-23.

MOI, Toril. *What Is a Woman? And Other Essays*. Oxford: Oxford University Press, 1999.

MOUFFE, Chantal. Democratic politics today. In: MOUFFE, Chantal (ed.). *Dimensions of Radical Democracy*: Pluralism, Citizenship, Community. London: Verso, 1992a.

_____. Feminism, citizenship and radical democratic politics. In: BUTLER, Judith; SCOTT, Joan W. (eds.). *Feminists Theorize the Political*. New York: Routledge, 1992b.

_____. Schmitt's challenge. In: MOUFFE, Chantal (ed.). *The Challenge of Carl Schmitt*. London: Verso, 1999.

_____. Deliberative democracy or agonistic pluralism, *Political Science Series*, n.72, 2000, p.1-17.

_____. *The Return of the Political*. London: Verso, 2005a [1993].

_____. *On the Political*. London: Routledge, 2005b. [Ed. Bras.: *Sobre o político*. São Paulo: WMF Martins Fontes, 2015.]

_____. *The Democratic Paradox*. London: Verso, 2005c [2000].

_____. *Agonistics: thinking the world politically*. London: Verso, 2013.

NOGUEIRA, Cláudio Marques Martins; NOGUEIRA, Maria Alice. A sociologia da educação de Pierre Bourdieu: limites e contribuição, *Educação & Sociedade*, n.78, 2002, p.15-36.

210     LUIS FELIPE MIGUEL

NOGUERA, José Antonio. ¿Renta básica o "trabajo básico"? Algunos argumentos desde la teoría social. *Sistema*, n.166, 2002, p.61-85.

NOVE, Alec. *A economia do socialismo possível*. São Paulo: Ática, 1989 [1983].

NOZICK, Robert. *Anarchy, State, and Utopia*. New York: Basic Books, 1974.

O'CONNOR, James. *The Fiscal Crisis of the State*. New York: St. Martin Press, 1973.

OFFE, Claus. Dominação de classe e sistema político. Sobre a seletividade das instituições políticas. In: *Problemas estruturais do Estado capitalista*. Rio de Janeiro: Tempo Brasileiro, 1984 [1972].

_____. De quelques contradictions de l'État-providence moderne. In: *Les démocraties modernes à l'épreuve* Paris: L'Harmattan, 1997 [1984].

_____; WIESENTHAL; Helmut. Duas lógicas da ação coletiva: anotações teóricas sobre classe social e forma organizacional. In: OFFE, Claus. *Problemas estruturais do Estado capitalista*. Rio de Janeiro: Tempo Brasileiro, 1984 [1980].

_____; MÜCKENBERGER, Ulrich; OSTNER, Ilona. A basic income guaranteed by the State: a need of the moment in social policy. In: OFFE, Claus. *Modernity and the State: East, West*. Cambridge: Polity, 1996 [1989].

OKIN, Susan Moller. *Justice, Gender, and the Family*. New York: Basic Books, 1989.

PADGETT, Stephen; PATERSON, Willian. Alemanha: estagnação da esquerda. In: ANDERSON, Perry; CAMILLER, Patrick (orgs.). *Um mapa da esquerda ocidental*. Rio de Janeiro: Contraponto, 1996 [1994].

PARANHOS, Adalberto. *O roubo da fala*: origens da ideologia do trabalhismo no Brasil. São Paulo: Boitempo, 1999.

PARETO, Vilfredo. *The Mind and Society*: A Treatise on General Sociology. 4v. New York: Harcourt, Brace, 1935 [1916].

PATEMAN, Carole. *The Problem of Political Obligation*: A Critique of Liberal Theory. Reed, Berkeley: University of California Press, 1985 [1979].

_____. *The Sexual Contract*. Stanford: Stanford University Press, 1988. [Ed. Bras.: *O contrato sexual*. Rio de Janeiro: Paz e Terra, 1993.]

_____. *Participação e teoria democrática*. Rio de Janeiro: Paz e Terra, 1992 [1970].

PHILLIPS, Anne. *Democracy and Difference*. University Park: The Pennsylvania State University Press, 1993.

_____. *The Politics of Presence*. Oxford: Oxford University Press, 1995.

CONSENSO E CONFLITO NA DEMOCRACIA CONTEMPORÂNEA    211

PHILLIPS, Anne. *Which Equalities Matter?* London: Polity, 1999.

PINTO, Louis. *Pierre Bourdieu et la théorie du monde social.* Paris: Albin Michel, 1998.

PIRES, Carol. Do Piauí ao Planalto, *Piauí*, n.39, 2009, p.58-60.

PITKIN, Hanna Fenichel. *The Concept of Representation.* Berkeley: University of California Press, 1967.

PIZZORNO, Alessandro. Limiti alla razionalità della scelta democratica. In: *Le radici della politica assoluta e altri saggi.* Milano: Feltrinelli, 1993.

POGUNTKE, Thomas. Unconventional participation in party politics: the experience of the German Greens, *Political Studies*, v.XL, n.2, 1992, p.239-54.

POPPER, Karl. *A sociedade aberta e seus inimigos.* 2v. Belo Horizonte: Itatiaia; São Paulo: Edusp, 1974 [1945].

POULANTZAS, Nicos. *L'État, le pouvoir, le socialisme.* Paris: Les Prairies Ordinaires, 2013 [1978]. [Ed. Bras.: *O Estado, o poder, o socialismo.* 4.ed. Rio de Janeiro: Graal, 2000.]

PRZEWORSKI, Adam. *Capitalismo e social-democracia.* São Paulo: Companhia das Letras, 1989 [1985].

_____. *Democracy and the Market*: Political and Economic Reforms in Eastern Europe. Cambridge: Cambridge University Press, 1991.

_____. *Estado e economia no capitalismo.* Rio de Janeiro: Relume Dumará, 1995 [1990].

QUELER, Jefferson José. *Entre o mito e a propaganda política: Jânio Quadros e sua imagem pública (1959-1961).* Tese de doutoramento em História. Campinas: Unicamp, 2008.

QUINIOU, Yvon. Das classes à ideologia: determinismo, materialismo e emancipação na obra de Pierre Bourdieu, *Crítica Marxista*, n.11, 2000 [1996], p.44-61.

RANCIÈRE, Jacques. *Courts voyages au pays du peuple.* Paris: Seuil, 1990.

RAWLS, John. *A Theory of Justice.* Cambridge (MA): Harvard University Press, 1971. [Ed. Bras.: *Uma teoria da justiça.* São Paulo: Martins Fontes, 2016.]

_____. *Justice as fairness: a restatement.* Cambridge (MA): Belknap, 2001.

_____. *Political Liberalism.* Expanded edition. New York: Columbia University Press, 2005 [1993]. [Ed. Bras.: *O liberalismo político.* São Paulo: Ática, 2000.]

REIS, Elisa Pereira. Opressão burocrática: o ponto de vista do cidadão, *Estudos Históricos*, n.6, 1990, p.161-79.

REIS, José Roberto Franco. *Não existem mais intermediários entre o governo e o povo*: correspondências a Getúlio Vargas – o mito e a versão (1937-1945). Tese de doutoramento em História. Campinas: Unicamp, 2002.

RIBEIRO, Pedro Floriano. *Dos sindicatos ao governo: a organização nacional do PT de 1980 a 2005*. São Carlos: Editora UFScar, 2010.

RIBEIRO, Vanderlei Vazelesk. *A roça y la campana*: a questão agrária sob o varguismo e o peronismo em perspectiva comparada. Tese de doutoramento em História. Niterói: UFF, 2006.

RIKER, William H. *Liberalism against Populism*: A Confrontation Between the Theory of Democracy and the Theory of Social Choice. Prospect Heights: Waveland, 1982.

ROEMER, John E. A future for socialism. In: WRIGHT, Erik Olin (ed.). *Equal Shares: Making Market Socialism Work*. London: Verso, 1996.

_____. *A future for Socialism*. Cambridge (MA): Harvard University Press, 1994.

ROSANVALLON, Pierre. *La nouvelle question sociale*: repenser l'État--providence. Paris: Seuil, 1995.

ROTHBARD, Murray N. *Man, Economy, and State*: A Treatise on Economic Principles. Princeton: Van Nostrand, 1962.

_____. *Power and Market*: Government and the Economy. Menlo Park: Institute for Human Studies, 1970.

ROUSSEAU, Jean-Jacques. *Du contract social*. In: *Œuvres complètes*, v.III. Paris: Gallimard, 1964 [1757].

SÁ, Luiz Fernando; DAMIANI, Marco. Carta para Lula. *IstoÉ Dinheiro*, 320, 2003, p.25-31

SAES, Décio. A reemergência do populismo no Brasil e na América Latina. In: DAGNINO, Evelina (org.). *Anos 90: política e sociedade no Brasil*. São Paulo, Brasiliense, 1994.

SALOMON, Marta. Apoio de petistas a Sarney é insustentável, diz Marina. *Folha de S.Paulo*, 23/8/2009, p.4.

SANCHES, Mariana. As 500 mil cartas recebidas por Lula. *Época* (edição online), 7/1/2011. Disponível em: <http://colunas.revistaepoca.globo.com/politico/2011/01/07/as-mais-de-550-mil-cartas-recebi-das-por-lula/>. Acesso em: 2 mar. 2012.

SANDEL, Michael. *Liberalism and the Limits of Justice*. 2.ed. Cambridge: Cambridge University Press, 1998.

CONSENSO E CONFLITO NA DEMOCRACIA CONTEMPORÂNEA 213

SARTORI, Giovanni. *A teoria da democracia revisitada*, 2v. São Paulo: Ática, 1994 [1987].

SAWARD, Michael. *The Representative Claim*. Oxford: Oxford University Press, 2010.

SCHEPER-HUGHES, Nancy. *Death Without Weeping*: The Violence of Everyday Life in Brazil. Berkeley, The University of California Press, 1992.

SCHMITT, Carl. *O conceito do político*. Petrópolis: Vozes, 1992 [1932].

_____. *A crise da democracia parlamentar*. São Paulo: Scritta, 1996 [1926].

SCHUMPETER, Joseph A. *Capitalism, Socialism and Democracy*. New York: Harper Perennial, 1976 [1942]. [Ed. Bras.: *Capitalismo, socialismo e democracia*. Rio de Janeiro: Zahar, 1984.]

SCOTT, James C. *Weapons of the Weak*: Everyday Forms of Peasant Resistance. New Haven: Yale University Press, 1985.

_____. *Domination and the Arts of Resistance*: Hidden Transcripts. New Haven: Yale University Press, 1990.

_____. *The Art of not Being Governed: An Anarchist History of Upland Southeast Asia*. New Have: Yale University Press, 2009.

SCOTT, Joan. *Gender and The Politics of History*. Revised edition. New York: Columbia University Press, 1999.

SIMON, William H. Inequality and alienation in the socialist capital market. In: WRIGHT, Erik Olin (ed.). *Equal Shares: Making Market Socialism Work*. London: Verso, 1996.

SINTOMER, Yves. Corporatisme de l'universel, *Realpolitik de la raison et espace public*. In: MÜLLER, Hans-Peter; SINTOMER, Yves (dir.). *Pierre Bourdieu, théorie et pratique: perspectives franco-allemandes*. Paris: La Découverte, 2006.

SODRÉ, Nelson Werneck. *Capitalismo e revolução burguesa no Brasil*. 2.ed. Rio de Janeiro, Graphia, 1997 [1990].

SOREL, Georges. *Matériaux d'une théorie du prolétariat*. Paris: Slaktine, 1981 [1914].

_____. *Réflexions sur la violence*. Paris: Seuil, 1990 [1908].

SPELMAN, Elizabeth V. *Inessential Woman*: Problems of Exclusion in Feminist Thought. Boston: Beacon Press, 1988.

TATAGIBA, Luciana. Os conselhos gestores e a democratização das políticas públicas no Brasil. In: DAGNINO, Evelina (org.). *Sociedade civil e espaços públicos no Brasil*. São Paulo: Paz e Terra, 2002.

TAVARES, Francisco Mata Machado. Em busca da inclusão: mecanismos de inserção das vozes subalternas no espaço público, *Revista Brasileira de Ciência Política*, n.9, 2012, p.39-70.

214 LUIS FELIPE MIGUEL

TEIXEIRA, Ana Claudia Chaves; SOUZA, Clóvis Henrique Leite de; LIMA, Paula Pompeu Fiuza. Arquitetura da participação no Brasil: uma leitura das representações políticas em espaços participativos nacionais. *Textos para Discussão*, n.1735. Brasília, IPEA, 2012.

TERRON, Sonia Luiza; SOARES, Gláucio Ary Dillon. As bases eleitorais do PT: do distanciamento ao divórcio, *Opinião Pública*, v.16, n.2, 2010, p.310-37.

THOMPSON, E. P. *Costumes em comum: estudos sobre a cultura popular tradicional*. São Paulo: Companhia das Letras, 1998 [1991].

TOCQUEVILLE, Alexis de. *De la démocratie en Amérique*, t. I. In: *Œuvres*, v.II. Paris: Gallimard, 1992 [1835].

TULLY, James. Recognition and dialogue: the emergence of a new field, *Critical Review of International Social and Political Philosophy*, v.7, n.3, 2004, p.84-106.

URBINATI, Nadia. Representation as advocacy: a study of democratic deliberation, *Political Theory*, v.28, n.6, 2000, p.758-86. [Ed. Bras.: Representação como advocacy: um estudo sobre deliberação democrática. *Política & Sociedade*, n.16, 2010, p.51-88.]

_____. *Representative Democracy: principles & genealogy*. Chicago: The University of Chicago Press, 2006.

_____. Unpolitical democracy, *Political Theory*, v.38, n.1, 2010, p.65-92.

VAN DER VEEN, Robert J.; VAN PARIJS, Philippe. A capitalist road to Communism, *Theory and Society*, v.15, n.5, 1987, p.635-55.

VAN PARIJS, Philippe. Why surfers should be fed: the liberal case for an unconditional basic income, *Philosophy and Public Affairs*, v.20, n.2, 1991, p.101-31.

_____. Basic income capitalism, *Ethics*, n.102, n.3, 1992, p.465-84.

_____. *O que é uma sociedade justa?* São Paulo: Ática, 1997 [1991].

_____. The disfranchisement of the elderly, and other attempts to secure intergenerational justice, *Philosophy and Public Affairs*, v.27, n.4, 1998, p.292-333.

VITULLO, Gabriel. O lugar do conflito na teoria democrática contemporânea, *Tomo*, n.10, 2007, p.59-83.

WACQUANT, Loïc. Introduction a BOURDIEU, Pierre, *Réponses: pour une anthropologie réflexive* (com Loïc J. D. Wacquant). Paris: Seuil, 1992.

_____. *Les prisons de la misère*. Paris: Raison d'Agir, 1999.

_____. Poder simbólico e prática democrática. In: WACQUANT, Loïc. (org.). *O mistério do ministério: Pierre Bourdieu e a política democrática*. Rio de Janeiro: Revan, 2005.

CONSENSO E CONFLITO NA DEMOCRACIA CONTEMPORÂNEA **215**

WEBER, Max. *Economia e sociedade*, v.I. Brasília: Editora UnB, 1991 [1921].

_____. *Parlamento e governo na Alemanha reordenada: crítica política do funcionalismo e da natureza dos partidos*. Petrópolis: Vozes, 1993 [1917].

WEFFORT, Francisco. *O populismo na política brasileira*. Rio de Janeiro, Paz e Terra, 1978.

WOLIN, Richard. Carl Schmitt, political existentialism, and the total State. *Theory and Society*, v.19, n.4, 1990, p.389-416.

WOOD, Ellen Meiksins. *Democracy Against Capitalism*: Renewing Historical Materialism. Cambridge: Cambridge University Press, 1995. [Ed. Bras.: *Democracia contra capitalismo: a renovação do materialismo histórico*. São Paulo: Boitempo, 2003.]

_____. *The Retreat from Class*: A New True Socialism. With a new introduction by the author. London: Verso, 1998.

WRIGHT, Erik Olin. Political power, democracy and coupon socialism. In: WRIGHT, Erik Olin (ed.). *Equal Shares: Making Market Socialism Work*. London: Verso, 1996.

YOUNG, Iris Marion. *Justice and the Politics of Difference*. Princeton: Princeton University Press, 1990.

_____. *Inclusion and Democracy*. Oxford: Oxford University Press, 2000.

_____. Activist challenges to deliberative democracy. *Political Theory*, v.29, n.5, 2001, p.670-90. [Ed. Bras.: Desafios ativistas à democracia deliberativa. *Revista Brasileira de Ciência Política*, n.13, 2014, p.187-212.]

ŽIŽEK, Slavoj. *Sobre la violencia: seis reflexiones marginales*. Barcelona: Paidós, 2009 [2008].

## SOBRE O LIVRO

*Formato*: 14 x 21 cm
*Mancha*: 23,7 x 42,5 paicas
*Tipologia*: Horley Old Style 10,5/14
*Papel*: Off-white 80 g/m² (miolo)
Cartão Supremo 250 g/m² (capa)
*1ª edição Editora Unesp*: 2017

## EQUIPE DE REALIZAÇÃO

*Capa*
Megaarte Design

*Edição de texto*
Jorge Pereira Filho (Copidesque)
Carmen T. S. Costa (Revisão)

*Editoração eletrônica*
Eduardo Seiji Seki

*Assistência editorial*
Alberto Bononi
Richard Sanches

Impressão e acabamento